인공지능과 성범죄

AI문고

인공지능 시대입니다. 기계가 인간의 인지를 대신하고, 사물이 인간을 통하지 않고 다른 사물과 직접 커뮤니케이션합니다. 이에 따른 인간 삶과 문명 변화를 정확히 이해·예측·대응하는 것은 이 시대 우리 모두의 과제입니다. AI문고는 인공지능 기술과 환경의 여러 주제를 10가지 키워드로 정리합니다. 관련 개념과 이론, 학계와 산업계의 쟁점, 우리 일상의 변화를 다룹니다. 인간과 기술의 현재, 미래를 세심히 분석합니다.

일러두기

- 인명, 작품명, 저서명, 개념어 등은 한글과 함께 괄호 안에 해당 국가의 원어를 병기했습니다.
- 외래어 표기는 현행 어문규정의 외래어표기법을 따랐습니다.

처음이세요?

전문가세요?

인공지능과 성범죄

배상균

대한민국, 서울, 커뮤니케이션북스, 2025

인공지능과 성범죄

지은이 배상균
펴낸이 박영률

초판 1쇄 펴낸날 2025년 2월 21일

커뮤니케이션북스(주)
출판 등록 2007년 8월 17일 제313-2007-000166호
02880 서울시 성북구 성북로 5-11
전화(02) 7474 001, 팩스(02) 736 5047
commbooks@commbooks.com
www.commbooks.com

ISBN 979-11-7307-477-6 03500

책값은 뒤표지에 표시되어 있습니다.

차례

인공지능 기술의 명과 암 vii

01 인공지능 기술과 성범죄 1

02 디지털 성범죄 유형 15

03 딥페이크 성범죄의 심각성 27

04 성폭력처벌법 제14조의2(허위영상물 등의 반포 등) 37

05 디지털 성범죄 처벌 주요 판례 49

06 딥페이크 성범죄 영상물 소지·구입·시청에 관한 처벌 입법 61

07 가짜 뉴스, 사이버명예훼손죄 등 71

08 인공지능 기술을 이용한 범죄 예방 81

09 피해자 보호 89

10 딥페이크 성범죄 발생 시 대처와 피해 예방 97

인공지능 기술의 명과 암

인공지능 기술의 발전

인공지능(이하 AI와 병행하여 사용한다) 기술은 컴퓨터가 인간처럼 학습하고, 추론하고, 문제를 해결하는 능력을 갖추도록 하는 기술의 총체다. 즉, 과거에 사람이 입력한 명령어에 따라 데이터를 분석하고 계산하는 데에 중심을 둔 컴퓨팅 기능에서 더 나아가 컴퓨터가 마치 사람처럼 생각하고 행동할 수 있게 하는 것을 의미한다.

이러한 인공지능 기술의 발전 토대는 2000년대부터 시작된 IT 기술의 발전이다. IT 기술이 발전하면서 전 세계에 인터넷이 확산했고 이를 활용한 스마트폰의 대량 보급으로 방대한 양의 정보가 디지털 데이터로 서버에 보관되었다. 그리고 이를 효과적으로 분석하고 활용하기 위한 기술 발전이 필요하게 되었다.

매우 복잡하고 다양해진 현대사회에서 발생하는 정보의 양은 매우 방대하고 많을 수밖에 없기 때문에 우리는 '빅데이터 시대'에 살고 있다고 볼 수 있다. 따라서 우리 사회는 쏟아지는 정보 속에서 유용한 정보를 발굴하고 정확한 분석을 통해 의사결정을 지원하는 데이터 분석 기술의 발전이 필요해졌고, 빅데이터 분석을 위해 인공지능 기술이 폭발적으로 발전하게 되었다.

또한 이러한 사회적 인식은 2024년 노벨물리학상 공동 수상자 2명이 모두 인공지능의 핵심인 '머신러닝'의 토대 구축한 과학자였다는 점, 특히 인공지능 관련 노벨상 수상자가 탄생한 것은 이번이 처음이라는 점에서 잘 드러난다. 인공지능 기술 발전과 그 효용에 대한 사회적 관심과 중요성이 많이 커졌음을 짐작할 수 있는 대목이다.

인공지능의 작동 방식

인공지능은 방대한 양의 데이터를 분석하고 그 안에서 패턴을 찾아 학습하게 되면 학습된 지식을 바탕으로 새로운 데이터에 대한 예측이나 판단을 내릴 수 있다. 핵심 기술에는 다음과 같은 것들이 있다.

머신러닝: 컴퓨터가 스스로 학습할 수 있도록 하는 기술로, 분석 모델 구축을 자동화하는 데이터 분석 방법이다. 시스템이 데이터로부터 학습하고, 패턴을 식별하고, 최소한의 인간 개입으로 결정을 내릴 수 있게 하는 인공지능 기술의 한 분야다. 인공지능이 인간의 능력을 모방하는 광범한 기술이라면 머신러닝은 기계에게 학습 방

법을 훈련시키는 인공지능 관련 기술이다.

딥러닝: 머신러닝의 한 종류로, 인간의 뇌를 모방한 인공 신경망을 이용해 더욱 복잡한 문제를 해결하는 기술이다.

자연어 처리: 컴퓨터가 인간의 언어를 이해하고 생성할 수 있도록 하는 기술이다.

컴퓨터 비전: 컴퓨터가 이미지나 영상을 인식하고 이해할 수 있도록 하는 기술이다.

인공지능과 빅데이터

인공지능과 빅데이터의 관계에서 가장 유명한 조합은 오픈AI가 개발한 프로토타입 대화형 인공지능 챗봇 챗GPT라 할 수 있다. 챗GPT는 머신러닝과 딥러닝 알고리즘을 사용해 빅데이터를 학습한 훈련된 솔루션이다. 인공지능 발전 및 효용성 증대는 인공지능과 빅데이터의 상호보완적 관계에서 비롯한다. 즉, 인공지능은 머신러닝 알고리즘을 통해 데이터를 분석하고 예측하는 능력을 갖추고 있는데, 이러한 분석력과 예측의 정확성을 담보하기 위해서는 충분한 양과 질의 데이터가 필요하다.

이 점에서 빅데이터와의 관계가 중요해진다. 빅데이터는 대량의 복잡하고 다양한 형태와 속성을 가진 데이터를 의미한다. 따라서 빅데이터가 많이 활용되어 인공지능을 학습시킬 수 있게 되면 더욱 정확하고 유용한 예측 결과를 획득할 수 있게 되므로 인공지능 기술 발전에 중요하다. 인공지능은 한편으로 방대하고 복잡한 정보인 빅데이터를 효과적으로 분석함으로써 그 결괏값으로 새로운 예측이 가능해진다는 점, 빅데이터의 가치를 높이는 역할을 한다는 점에서 중요하다.

인공지능 기술의 활용

우리 사회에서 인공지능은 매우 다양한 생활 분야에서 활용되고 있다.

일상: 스마트 개인 비서, 음성 인식 시스템, 번역 앱, 추천 시스템 등

일상에서는 스마트 개인 비서가 스마트폰은 물론 집안 가전에 폭넓게 사용되고 있다. 또한 표절 검사 등 저작물 침해 사실을 방대한 데이터 속에서 비교 및 대조해 적발할 수 있다. 이와 마찬가지로 외국어 번역 앱도 AI가 외국어 문장의 세세한 뉘앙스를 파악한 뒤 번역하고 싶은 언어로 문장을 변환해 주며, 최근에는 해외 여행지에서 음식점 메뉴판이나 거리 표지판 등도 실시간으로 번역해 주고 있어 많이 사용된다. 마지막으로 우리 생활에 깊

숙이 파고든 인터넷 플랫폼에서의 추천 기능이 갈수록 좋아지고 있다. 넷플릭스, 유튜브, 스포티파이 등의 사례가 그렇다. 이는 AI와 머신러닝 덕분인데, 이용자가 이미 보고 좋아한 것에 기초해 다른 많은 콘텐츠와 비교 및 대조한 결과, 사용자의 요구에 가장 적합한 콘텐츠를 제공한다.

산업: 제조, 의료, 금융, 자율주행 차량 등

산업 분야 중 제조업에서는 AI가 생산 데이터를 분석해 공정을 개선하고 불량률을 줄여 생산 공정 최적화, 품질 관리에 효과를 보인다. 스마트 팩토리에서는 설비 예측, 유지 보수 등에 인공지능을 적용해 효율을 높이고 있다.

의료 분야에서는 진단, 치료 계획 수립, 환자 모니터링 등에 AI가 사용되어 질병을 더 빠르게 발견하고 정확한 치료 방향을 제시해 환자의 예후를 개선하는 등 의료 서비스의 품질을 높이고 있다.

금융 분야에서는 고객 서비스 자동화, 사기 탐지, 금융 상품 추천 등에 AI가 많이 활용되고 있다. 이를 통해 은행이나 보험 회사에서는 고객에게 더 빠르고 편리하면서 안전한 서비스를 제공하고 있다.

자율주행 차량에도 AI가 많이 사용된다. 인공지능은

자율주행 차량의 교통 상황 파악 및 차량 상태 확인을 위해 많은 센서 데이터를 이용해 방대하고 복잡한 빅데이터를 수집하고 이를 머신러닝을 통해 분석한 결과를 자율주행 차량에 반영한다.

교육 및 예술: 수준별 학습 체크 및 적성별 학습 추천, 소설 집필, 그림 그리기 등

교육 환경에는 AI 활용 학생 학습 시스템이 있다. AI 시스템은 제공된 특별 학습 콘텐츠에 대한 학생의 영상 시청과 클릭 횟수 등을 분석해 흥미와 적성 분야를 판단하고 이에 기반해 개인별 학습 진도와 흥미에 맞는 학습 콘텐츠를 추천한다. 또한 1:1 영어 회화 AI 시스템은 영어 학습자에 대한 보다 정확한 수준별 학습과 흥미 유도를 가능케 해 학생들이 영어 공부에 더욱 집중하고 학습 의지를 유지하게 하는 데 긍정적인 효과를 보이고 있다.

인공지능의 예술 창작 활동은 특히 미술 및 영상 분야에서의 다양한 변화를 통해 끊임없이 진화하고 있다. 2016년 '넥스트 렘브란트(The Next Rembrandt)' 예술 프로젝트는 인공지능으로 렘브란트의 그림을 훌륭히 재현해 사람들을 놀라게 했다. 이외에도 해외 각국에서 인공지능이 집필한 소설이나 시가 출판되고 있고 문학상을 받는 경우도 나타나고 있다.

이처럼 인공지능은 일상은 물론 산업계, 특히 제조, 의학, 금융, 자율주행 차량 등 다양한 분야에서 혁신을 촉진하고 있다. 그뿐만 아니라 교육 환경 및 예술 분야에서도 많은 변화를 일으키고 있기에 인공지능의 발전은 앞으로도 계속될 것이며, 이는 인류에게 더 큰 편의와 가치를 제공할 것이다.

인공지능 기술의 부작용

인공지능 기술이 빠르게 발전하면서 우리는 편리한 삶을 누리고 있지만 이와 동시에 인공지능을 악용한 새로운 형태의 범죄가 등장하고 있다. 딥페이크 성범죄, 딥페이크 명예훼손 및 협박, 딥페이크 보이스피싱 및 사기 등 인공지능 기술을 활용한 범죄는 기존 범죄와 달리 IT 기술에 기반하고 있어 더욱 정교하고 은밀하며, 피해 규모도 커질 수 있다는 점에서 심각한 문제다.

예를 들어 최근 일본에서는 인공지능을 악용해 컴퓨터 바이러스(랜섬웨어)를 만든 20대가 수사기관에 적발되었다고 한다. 일본 언론에 따르면 용의자는 컴퓨터 프로그래밍 관련 기술도 없고 조력자도 없었으나 생성형 인공지능에만 의존해 바이러스를 만들어 낸 것으로 알

려져, 비슷한 형태의 범죄가 확산할 수 있다는 우려가 제기되고 있다.

디지털 성범죄의 심각성

2020년 우리 사회는 'N번방'과 '박사방' 등의 디지털 성범죄 사건을 목도하고 전 국민적 분노로 들끓었다. 특히 이 사건들은 10대의 어린 피해자가 많아 충격적이었으며, 이 사건뿐 아니라 대학가 단톡방 성희롱 사건, 지인 사진을 불법 합성한 딥페이크 성범죄 영상물 등 다양한 형태의 디지털 성범죄가 우리의 일상을 위협하고 있다.

널리 알려진 바와 같이 딥페이크는 AI 기반의 이미지 합성 기술로, 첨단 영화제작에 활용되는 등 산업 차원의 잠재력도 매우 큰 기술이며, 특히 인공지능 기술 중 안면 맵핑(mapping) 기술을 활용해 타인의 얼굴을 다른 영상에 합성하는 영상 기술이다. 기존의 딥페이크 기술은 여러 장의 사진과 음성 데이터를 딥러닝 알고리즘으로 학습해 동영상을 만들어 내는 구조였기에 대상 인물의 사진이 상당히 필요했으나, 관련 기술의 발전으로 이제는 한 장의 얼굴 사진만으로도 '말하는 얼굴 동영상(talking head videos)'을 손쉽게 만들 수 있는 새로운 기술까지 등장했다. 딥페이크 성범죄 영상물의 제작이 더욱 간편해졌고, 진위를 확인하기도 어려워지면서 피해가 더 심각해졌다.

더욱이 기존의 성범죄와 달리 디지털 성범죄 영상물은 그 특성상 온라인에 유포되면 빠른 속도로 광범한 영역으로 전파된다. 심지어 한 번 공유된 영상물의 경우 영구 삭제도 현실적으로 어렵다. 이처럼 피해 회복이 쉽게 되지 않는다는 점에서 디지털 성범죄의 심각성에 대한 충분한 인식과 국가 차원의 적극적 대응이 필요하다.

딥페이크 성범죄의 증가

특히 최근 문제가 된 딥페이크 성범죄 영상물은 실제 성행위에 대한 불법촬영이 아니라는 점에서, 10대 사이에서 또래 집단의 놀이 문화로 인식되면서 크게 번지고 있어 문제가 되고 있다.

이는 최근 인공지능 기술이 크게 발전해 콘텐츠를 합성하고 만드는 생성 정보가 더욱 정밀해지고 청소년도 제작할 수 있을 정도로 간편해졌기 때문이다. 또한 법 개정 전까지 딥페이크 성범죄 영상물은 '유포할 목적'이 인정되지 않으면 단순 소지 등을 이유로 처벌하기 어려웠다. 특히 해외에 서버를 둔 플랫폼인 텔레그램에서 주로 유포가 이뤄졌기 때문에 수사 협조가 어려웠다. 청소년들 사이에서도 인터넷의 익명성 때문에 붙잡힐 염려가 없다는 인식이 늘어나는 실정이다.

따라서 10대 청소년들이 또래 집단의 '놀이'라고 생각했던 것이 실제로는 피해자에 대한 성적 대상화 · 모욕이라는 사실을 인식시키는 교육과 더불어 이러한 디지털 성범죄가 확산되지 않도록 처벌 강화 및 플랫폼 규제도 강화해야 한다.

가짜 뉴스, 사이버명예훼손죄 등

2024년 한국에서는 4월 제22대 국회의원 선거가 있었다. 미국에서는 11월에 제47대 대통령을 선출하는 선거는 물론 미국 상원 · 하원 · 주지사 선거도 동시에 진행되었다. 말하자면 '선거의 해'라고 할 수 있다. 그렇기에 최근 누구나 손쉽게 인공지능을 이용해 인터넷 및 SNS에 가짜 뉴스를 대량 생산하고 유포하고 있다는 점은 큰 문제다.

이 문제는 인공지능 등 첨단 기술을 이용해 생성한 그럴듯한 거짓이 진실보다 '진실처럼' 통하는 시대가 되었다는 점에서 심각하다. 이러한 '탈진실 현상'은 공적 논의에서 필수적인 '사실'을 무력하게 만들고 민주주의 사회질서를 뿌리째 흔들고 있다. 우리 사회는 현재 IT 기술의 발달로 과거의 정보 불평등은 해소되었지만, 이제는 오히려 과잉 정보가 문제가 되고 있으며, 이로 인해 정보의 가치가 하락하는 새로운 문제에 직면하게 되었다.

더욱이 AI를 활용하면 전문적 지식이나 기술이 없어도 진실 같은 '허위 정보'를 만들어 낼 수 있고, 이는 단지 개인의 명예가 침해되는 기존의 전형적인 피해 양상과 다르다. AI 허위 정보는 진위를 구분하기 어려우며, 순식간에 퍼지는 탓에 그 침해 범위가 개인을 넘어 사회, 국가에 이르기 때문에 문제의 심각성이 크다.

따라서 표현의 자유를 위축시키지 않으면서도 허위 정보 유통을 규제하기 위해서는 정보 유통으로 이익을 얻는 인터넷 플랫폼 사업자의 책임(삭제 의무 등)을 강화하는 방안이 우선 고려되어야 할 것이다.

인공지능 기술을 이용한 범죄 대응 방안

우리는 점차 AI를 모르고는 살 수 없는 시대에 접근하고 있음을 깨닫고 있다. 많은 사람이 AI를 공부해 활용하고자 한다. 이처럼 AI가 초래한 사회 변화에는 새로운 기회와 도전이 동시에 존재한다.

이제 인공지능 기술의 발전은 막을 수 없는 흐름이며 개인 정보 침해, 딥페이크로 만든 가짜 뉴스 확산과 딥페이크 성범죄 영상물과 같은 기술 악용 또한 계속될 것이다. 따라서 인공지능 기술의 긍정적인 측면을 활용하면서도 부작용을 최소화하기 위한 노력이 필요하다.

최근 인공지능 기술을 이용한 범죄 대응을 살펴보면 딥러닝 기반 영상 분석 기술, 자연어 처리 및 음성 인식 기반 범죄 분석 기술, 블록체인 기술 등이 핵심 기술로 활용되고 있다.

딥러닝 기반 영상(음성) 분석 기술은 폐쇄 회로(CCTV) 영상이나 딥페이크 영상물 등을 분석해 범죄 용의자 식별, 범죄 패턴 분석, 딥페이크 영상물 판별 등에 활용되며, 얼굴 인식, 행동 인식 기술 등이 고도화되면서 범죄 예측 및 예방에도 기여하고 있다.

자연어 처리 및 음성 인식 기반 범죄 분석 기술은 범죄 관련 텍스트 데이터(인터넷 검색어, 신고 내용, 수사 기록 등)를 분석해 범죄 유형을 분류하고 용의자 프로파일링을 하는 데 활용되고 있다. 녹음 파일과 같은 음성 데이터도 분석을 통해 범죄 관련 정보를 추출하고, 음성 변조 탐지 등에 활용되고 있다.

블록체인 기술은 형사 절차 전자화 등 각종 연결 체계를 구축하는 데 필요한 전자 보안 분야의 핵심 기술이며, 전자 문서 작성 및 유통의 안정성 확보, 디지털 증거의

위 · 변조 방지, 투명한 증거 관리 시스템 구축 등에 활용된다.

참고문헌

배상균(2019). "인공지능(AI) 기술을 이용한 디지털 성범죄에 대한 검토: 딥페이크(Deepfake) 포르노 규제를 중심으로". ≪외법논집≫, 제43권 제3호, 169~187.

배상균(2021). "딥페이크(Deepfake) 영상물에 관한 법적 대응조치 검투" ≪4차산업혁명 법과 정책≫, 제3호, 183~210.

주민식(2017.9.15.). "[인사이트 리포트] 인공지능은 어떻게 발달해왔는가, 인공지능의 역사". SAMSUNG SDS. https://www.samsungsds.com/kr/insights/091517_cx_cvp3.html

연합뉴스(2018.4.18.). "블록체인 고급 기술 석·박사 양성 서둘러야". 연합뉴스. https://www.yna.co.kr/view/AKR20180418095200063

연합뉴스(2019.5.24.). ""사진 한장으로 인터뷰 동영상 제작"…삼성, AI 신기술 개발". 연합뉴스. https://www.yna.co.kr/view/AKR20190523165700003

한귀영(2024.2.5.). "거짓을 욕망하고, AI로 가짜 정보 찍어내는 '탈진실'의 시대". 한겨례. https://www.hani.co.kr/arti/economy/it/1127236.html

박성동(2024.4.30.). "AI 허위정보 규제, 처벌보다 플랫폼 책임 강화로". 한국기자협회. http://m.journalist.or.kr/m/m_article.html?no=55741

홍석재(2024.5.28.). "인공지능을 '컴퓨터 범죄' 코치처럼… AI가 만든 '랜섬웨어' 첫 적발". 한겨레.

https://www.hani.co.kr/arti/international/international_general/1142349.html

곽노필(2024.6.29.). "'무어의 법칙'보다 7배 빠르다, 질주하는 인공지능". 한겨레.
https://www.hani.co.kr/arti/science/technology/922666.html

박수빈(2024.7.22.). "ETRI, 실시간 CCTV와 통계로 범죄 예측하는 AI 개발…내년말 상용화 예상". AI타임스.
https://www.aitimes.com/news/articleView.html?idxno=161811

이진영(2024.8.28.). "딥페이크 성범죄, 플랫폼 책임 강화 등 대책 시급". 법률신문. https://www.lawtimes.co.kr/news/200909

이선욱(2024.8.29.). "'놀이문화처럼 번져'…딥페이크 성범죄 왜 유독 청소년들 많았나?". BBC News 코리아.
https://www.bbc.com/korean/articles/c4gl8zpd7e0o

임대준(2024.10.9). '딥 러닝 대부' 힌튼·홉필드, 노벨 물리학상 수상..."AI 기반 마련한 공로 인정". AI타임스,
https://www.aitimes.com/news/articleView.html?idxno=164055

pmg 지식엔진연구소. "딥페이크". 네이버 시사상식사전.
https://terms.naver.com/entry.naver?docId=5568602&cid=43667&categoryId=43667

01
인공지능 기술과 성범죄

기술 발전과 이에 따른 범죄의 진화는 우리가 모두 알고 있지만 새삼스럽게 고민해야 하는 주제다. 인공지능 기술은 우리 사회에 많은 편리함을 제공하고 있지만, 딥페이크 기술의 등장으로 디지털 성범죄가 더욱 다변화되었다. 디지털 성범죄의 광범한 피해와 그 피해의 영속성, 수사 단속의 곤란함 등의 문제뿐 아니라, 이것이 첨단 기술을 활용한 영상 합성물이라는 점에서 범죄라는 사회적 인식이 부족해 청소년 가해자가 대부분이라는 사실은 이 문제의 심각성과 개선의 시급성을 잘 드러낸다.

AI와 1인 창업?

인공지능 시대로의 진입

우리는 2016년 세계경제포럼(다보스포럼)에서 클라우스 슈바프(Klaus Schwab)가 4차 산업혁명이라는 개념을 강조한 이래, 미래를 준비하기 위한 하나의 개념적 이정표로서 우리 사회는 물론 산업계, 학계 등에서도 4차 산업혁명에 대한 많은 논의를 해 왔다. 이는 4차 산업혁명이 단순히 새로운 기술의 등장을 넘어 우리 사회와 산업 전반에 걸쳐 혁신적인 변화를 가져오는 거대한 물결을 의미하기 때문이다. 그렇기에 4차 산업혁명의 핵심 개념인 기술 융합, 지능화, 초연결, 자동화는 4차 산업혁명이 가져오는 변화의 키워드라 할 수 있다. 그간 인공지능 기술은 이러한 4차 산업혁명 시대를 상징하는 주요 첨단 기술로 자리매김해 왔다.

2000년대 중반 이후 딥러닝 알고리즘의 등장으로 인공지능은 획기적인 발전을 이루었다. 특히 GPU를 활용한 딥러닝은 이미지 인식, 음성 인식 등 다양한 분야에서 인간에 근접하거나 능가하는 성능을 보여 주었다. 결국 2016년 인공지능 알파고와 이세돌 9단의 세기의 맞대결까지 이어졌고, 이 대결로 우리 사회는 4차 산업혁명 시대가 도래했음을 실질적으로 인식하게 되었다.

그중 인공지능 기술의 발전은 최근 너무나 눈부실 정

도로 빠르게 이뤄졌다. 생성형 인공지능(Generative AI) 기술은 특히 2022년 11월 오픈AI가 개발한 대화형 인공지능 챗봇 챗-GPT 3의 등장으로 불과 2년 만에 시대를 관통하는 기술로 인식되었다. 생성형 인공지능 기술은 이를 활용한 저작물을 통해 최근 각종 문학상, 미술상, 작곡상 등을 수상하면서 글쓰기, 추론에 근거한 대화, 그림 그리기, 음악 작곡 등 인간만의 고유 영역으로 여겨졌던 인문, 예술 부문에서도 인공지능이 인간과 유사한 수준의 역량을 가질 수 있음을 보여 주었다. 그리고 이러한 생성형 인공지능 기술은 해마다 빠른 속도로 더욱 개량되고 있어 머지않은 미래에 인간 수준에 필적할 것이다. 그렇다면 요즘이야말로 바야흐로 인공지능의 시대라 해야 하지 않을까.

인공지능 기술과 범죄

인공지능 기술은 우리에게 편리한 삶을 선사했지만, 이에 따른 부작용으로 '인공지능 기술 매개 범죄'가 새로운 형태의 범죄로 등장하고 있다. 인공지능 기술 매개 범죄는 인공지능 기술을 이용 및 활용해 다른 사람에게 성폭력을 가하거나, 기망하거나 협박 또는 강요하거나, 괴롭히고 모욕하며 명예훼손, 혐오 표현을 하는 행위를 의미한다. 이처럼 딥페이크 성범죄나 딥페이크 명예훼손 및 협박, 딥페이크 보이스피싱 및 사기, 사이버 모욕, 혐오 표현 등 인공지능 기술을 활용한 각종 범죄는 기존 범죄와는 달리 그 배경이 인공지능 기술 매개로 이루어지고 있어 더욱 정교하고 은밀하며, 피해 규모도 크다.

사회적으로 비난받거나 침해 행위로 인정되더라도 그것이 곧 범죄를 의미하는 것은 아니다. 물론 사회 내에서 범죄라는 단어는 비난받을 행위의 대명사로 주로 쓰이고 있으나, 범죄라는 단어는 이에 상응하는 형벌이라는 단어와 함께 쓰여야 본연의 의미로써 쓰일 수 있다. 따라서 현실에서 발생하는 다종다양한 침해 행위를 형법에서 정한 범죄 행위로 인식할 수 있어야 하며, 또한 그러한 범죄 행위를 형법에서 정한 형벌로 처벌할 수 있어야 한다. 이를 법률로 정한 것이 바로 '형법'이다. 이처럼 형법은 형벌 종류와 전제조건(=범죄 구성 요건)을 세부적으로 규정하는 법체계다.

다른 한편 형법은 다른 어떤 법 영역보다도 일반인들의 주목을 받기 쉽다. 아무래도 범죄라는 단어가 우리 사회에서 가지는 무게와 중요성에 비추어 볼 때, 범죄의 입증과 처벌은 피고인과 피해자의 개인적인 문제일 뿐 아니라 사회적인 문제이기 때문이다. 그렇기에 대부분의

범죄 행위 입증은 경찰이나 검찰과 같은 전문 수사기관이 수사를 통해 제시한 증거에 의해 이루어지고, 법원은 공개된 재판에서 범죄 혐의를 상세히 논의하면서 제시된 증거를 조사한 후 유죄 또는 무죄를 선고하게 된다. 그리고 유죄가 최종 확정되면 보통 교도소에 선고된 형기만큼 수감(收監)된다. 이처럼 범죄 행위로서 처벌된다는 것은 사적인 영역에서의 추가적인 제재를 포함해 당사자에게 큰 부분 부담을 주기 때문에 형법에서는 범죄 요건과 형벌 조건을 세세히 규정하고 있고, 형사소송법에서는 경찰, 검찰, 법원을 통해 증거에 기반한 판단을 하도록 세부 절차를 규정하고 있다.

형법 및 특별법에서의 성범죄

성범죄란 피해자의 의사에 반해 성적인 행위로 타인에게 신체적 손상 및 정신적 · 심리적 압박을 주는 물리적 · 강제적 행위를 말한다. 현재 형법을 비롯해 성범죄를 규정하는 특별법을 포함한다면 정말 다양한 유형의 성범죄가 규정되어 있음을 알 수 있다.

성범죄와 관련된 법률을 간단하게 살펴보면 형법, 성폭력범죄의 처벌 등에 관한 특례법(이하 성폭력처벌법), 아동 · 청소년의 성보호에 관한 법률(이하 청소년성보호법)이 대표적인 법률이라 할 수 있다. 그 중 대표적인 범죄 유형들을 정리하면 다음과 같다.

① 강간(형법 제297조, 폭행 또는 협박으로 사람을 강간한 자는 3년 이상의 유기징역에 처한다.)

② 유사강간(형법 제297조의2, 폭행 또는 협박으로 사람에 대하여 구강, 항문 등 신체(성기는 제외)의 내부에 성기를 넣거나 성기, 항문에 손가락 등 신체(성기는 제외)의 일부 또는 도구를 넣는 행위를 한 사람은 2년 이상의 유기징역에 처한다.)

③ 강제추행(형법 제298조, 폭행 또는 협박으로 사람에 대하여 추행을 한 자는 10년 이하의 징역 또는 1천 500만원 이하의 벌금에 처한다.)

④ 준강간, 준강제추행(형법 제299조, 사람의 심신상실 또는 항거불능의 상태를 이용하여 간음 또는 추행을 한 자는 강간, 유사강간, 강제추행의 예에 의하여 처벌한다.)

⑤ 강간 등 상해 · 치상(형법 제301조, 강간, 유사강간, 강제

추행, 준강간, 준강제추행죄 및 그 미수죄를 범한 자가 사람을 상해하거나 상해에 이르게 한 때에는 무기징역 또는 5년 이상의 징역에 처한다.)

⑥ 강간 등 살인 · 치사(형법 제301조의2, 강간, 유사강간, 강제추행, 준강간, 준강제추행죄 및 그 미수죄를 범한 자가 사람을 살해한 때에는 사형 또는 무기징역에, 사망에 이르게 한 때에는 무기 또는 10년 이상의 징역에 처한다.)

⑦ 미성년자 등에 대한 간음(형법 제302조, 미성년자 또는 심신미약자에 대하여 위계 또는 위력으로써 간음 또는 추행을 한 자는 5년 이하의 징역에 처한다.)

⑧ 공중밀집 장소에서의 추행(성폭력처벌법 제11조, 대중교통수단, 공연 · 집회 장소, 그 밖에 공중이 밀집하는 장소에서 사람을 추행한 사람은 3년 이하의 징역 또는 3천만원 이하의 벌금에 처한다.)

⑨ 성적 목적을 위한 다중이용장소 침입행위(성폭력처벌법 제12조, 자기의 성적 욕망을 만족시킬 목적으로 화장실, 목욕장 · 목욕실 또는 발한실(發汗室), 모유수유시설, 탈의실

등 불특정 다수가 이용하는 다중이용장소에 침입하거나 같은 장소에서 퇴거의 요구를 받고 응하지 아니하는 사람은 1년 이하의 징역 또는 1천만원 이하의 벌금에 처한다.)

⑩ 특수강도강간 등(성폭력처벌법 제3조, 형법상의 주거침입, 야간주거침입절도, 특수절도 등의 죄를 범한 사람이 강간, 유사강간, 강제추행 및 준강간, 준강제추행의 죄를 범한 경우에는 무기징역 또는 7년 이상의 징역에, 형법상의 특수강도 등의 죄를 범한 사람이 강간, 유사강간, 강제추행 및 준강간, 준강제추행의 죄를 범한 경우에는 사형, 무기징역 또는 10년 이상의 징역에 처한다.)

⑪ 특수강간 등(성폭력처벌법 제4조, 흉기나 그 밖의 위험한 물건을 지닌 채 또는 2명 이상이 합동하여 강간의 죄를 범한 사람은 무기징역 또는 7년 이상의 징역에, 강제추행의 죄를 범한 사람은 5년 이상의 유기징역에 처한다.)

⑫ 아동 · 청소년의 성을 사는 행위 등(청소년성보호법 제13조, 아동 · 청소년의 성을 사는 행위를 한 자는 1년 이상 10년 이하의 징역 또는 2천만원 이상 5천만원 이하의 벌금에, 아동 · 청소년의 성을 사기 위해 아동 · 청소년을 유인하

거나 성을 팔도록 권유한 자는 3년 이하의 징역 또는 3천만원 이하의 벌금에 처한다.)

⑬ 아동 · 청소년성착취물의 제작 · 배포 등(청소년성보호법 제11조, 아동 · 청소년이용 음란물을 제작 · 수입 또는 수출한 자는 무기징역 또는 5년 이상의 유기징역에, 영리를 목적으로 아동 · 청소년이용음란물을 판매 · 대여 · 배포 · 제공하거나 이를 목적으로 소지 · 운반하거나 공연히 전시 또는 상영한 자는 5년 이상의 징역에, 아동 · 청소년이용음란물을 배포 · 제공하거나 공연히 전시 또는 상영한 자와 아동 · 청소년 이용음란물을 제작할 것이라는 정황을 알면서 아동 · 청소년을 아동 · 청소년이용음란물의 제작자에게 알선한 자는 3년 이상의 징역에, 아동 · 청소년이용음란물임을 알면서 이를 소지 · 시청한 자는 1년 이상의 징역에 처한다.)

⑭ 카메라 등을 이용한 촬영(성폭력처벌법 제14조, 카메라나 그 밖에 이와 유사한 기능을 갖춘 기계장치를 이용하여 성적 욕망 또는 수치심을 유발할 수 있는 다른 사람의 신체를 그 의사에 반하여 촬영하거나 그 촬영물을 반포 · 판매 · 임대 · 제공 또는 공공연하게 전시 · 상영한 자는 7년 이하의 징역 또는 5천만원 이하의 벌금에, 촬영 당시에는 촬영대

상자의 의사에 반하지 않는 경우에도 사후에 그 의사에 반하여 촬영물을 반포 · 판매 · 임대 · 제공 또는 공공연하게 전시 · 상영한 자는 7년 이하의 징역 또는 5천만원 이하의 벌금에 처한다.)

⑮ 허위영상물 등의 반포 등(성폭력처벌법 제14조의2, 사람의 얼굴 · 신체 또는 음성을 대상으로 한 촬영물 · 영상물 또는 음성물을 영상물 등의 대상자의 의사에 반하여 성적 욕망 또는 수치심을 유발할 수 있는 형태로 편집 · 합성 또는 가공한 자는 7년 이하의 징역 또는 5천만원 이하의 벌금에, 편집물 · 합성물 · 가공물 또는 복제물을 반포 등을 한 자 또는 편집 등을 할 당시에는 영상물 등의 대상자의 의사에 반하지 아니한 경우에도 사후에 그 편집물 등 또는 복제물을 영상물 등의 대상자의 의사에 반하여 반포 등을 한 자는 7년 이하의 징역 또는 5천만원 이하의 벌금에 처한다.)

⑯ 아동 · 청소년에 대한 성착취 목적 대화 등(청소년성보호법 제15조의2, 19세 이상의 사람이 성적 착취를 목적으로 정보통신망을 통하여 아동 · 청소년에게 성적 욕망이나 수치심 또는 혐오감을 유발할 수 있는 대화를 지속적 또는 반복적으로 하거나 그러한 대화에 지속적 또는 반복적으로 참

여시키는 행위, 성교행위, 구강·항문 등 신체의 일부나 도구를 이용한 유사 성교행위, 신체의 전부 또는 일부를 접촉·노출하는 행위로서 일반인의 성적 수치심이나 혐오감을 일으키는 행위, 자위행위 어느 하나에 해당하는 행위를 하도록 유인·권유하는 행위의 어느 하나에 해당하는 행위를 한 경우에는 3년 이하의 징역 또는 3천만원 이하의 벌금에 처한다.)

⑰ 기타 유형(친족관계에 있는 자에게 강간 등을 당한 경우, 신체적 또는 정신적인 장애가 있는 장애인을 상대로 강간 등을 저지른 경우, 13세 미만의 미성년자를 상대로 강간 등을 저지른 경우, 업무·고용 등으로 인하여 자기의 보호, 감독을 받는 사람에 대하여 위계 또는 위력으로 간음·추행한 경우, 법률에 따라 구금된 사람을 감호하는 사람이 구금된 자를 간음·추행한 경우 등이 있다.)

이중 ⑬ 아동·청소년성착취물의 제작·배포 등, ⑭ 카메라 등을 이용한 촬영, ⑮ 허위영상물 등의 반포 등, ⑯ 아동·청소년에 대한 성착취 목적 대화 등은 디지털 성범죄의 개념 및 유형에서 중요한 범죄 유형이고, 기존 성범죄와는 구별되는 점이 많으므로 그 개념과 특징에 관해서는 다음 장에서 세부적으로 살펴본다.

참고문헌

배상균(2019). "인공지능(AI) 기술을 이용한 디지털 성범죄에 대한 검토: 딥페이크(Deepfake) 포르노 규제를 중심으로". ≪외법논집≫, 제43권 제3호, 169~187.

금경준(2024.9.7.). "성범죄에 보이스피싱까지…딥페이크의 진화". 미디어오늘. https://www.mediatoday.co.kr/news/articleView.html?idxno=320744

우빈(2024.7.3.). "대전지검, 경찰·지자체와 '공중화장실 불법촬영 범죄' 근절 위한 합동 대책회의. 법률신문. https://www2.lawtimes.co.kr/news/199642?localKind=AA01

윤현서(2022.2.14.). "가상세계서 만난 11살 여아에게 결혼서약서 등 요구…어디까지 처벌?". KBS뉴스. https://news.kbs.co.kr/news/pc/view/view.do?ncd=5394802

정순채(2018.12.3.). "[정순채 칼럼] '사이버 성폭력', 무엇이 문제인가?". 아시아타임즈. https://www.asiatime.co.kr/article/20181202290208#_mobwcvr

찾기 쉬운 생활법령정보. "디지털 성범죄의 특징 및 현황". 법제처. https://easylaw.go.kr/CSP/CnpClsMain.laf?popMenu=ov&csmSeq=1594&ccfNo=1&cciNo=1&cnpClsNo=2

최윤서(2023.7.13.). "[단독] 사이버 성폭력 시달린 女초등생… 학교 미온 대처가 피해 키웠다". 충청투데이. https://www.cctoday.co.kr/news/articleView.html?idxno=

2181200
Nicola H. & Powell, A.(2016). Sexual Violence in the Digital Age: The Scope and Limits of Criminal Law. *Social & Legal Studies, 25*(4), 397~418.

02
디지털 성범죄 유형

이제까지 인터넷으로 연결된 공간 속에서 발생한 성범죄로 논의된 행위 유형에는 사이버 공간을 매개로 한 성매매, 통신매체를 이용한 음란행위, 성적 괴롭힘(성희롱 등), 성 착취 목적 대화, 비동의 성영상물 촬영과 유포, 허위 영상물 제작과 유포, 사이버 스토킹 등과 같이 여러 유형이 있다. 이중 현재 디지털 성범죄로서 처벌되는 범죄 유형은 청소년성보호법 제11조, 성폭력처벌법 제14조, 제14조의2, 제14조의3에 근거한 불법촬영, 비동의유포, 유포협박, 불법합성 등이 있다.

AI와 MBTI?

디지털 성범죄의 개념 및 유형

디지털 성범죄 개념은 유·무선 인터넷으로 연결된 온라인 공간, 즉 사이버 공간을 대상으로 한다는 점에서 사이버 성폭력이나 인터넷 성폭력, 또는 디지털 성범죄 등으로 개념화된다.

사이버 성폭력이 문제가 된 것은 2000년대 초반 우리 사회 내 인터넷 제반 환경이 크게 개선되면서부터다. 인터넷에서 원치 않는 성적인 표현이나 이미지로 상대방에게 불쾌감 또는 수치심 등의 피해를 주는 행위가 증가하면서 인터넷 성폭력이라는 개념과 혼용되며 사용되기 시작했다. 그리고 이러한 사이버 성폭력은 사이버 공간을 기반으로 여성을 주 대상으로 하는 성차별적 행위라고 포괄적으로 개념화할 수 있는데, 이는 관련 행위 유형이 너무나 다양하기 때문이다. 예를 들어 사이버 명예훼손이나 성적 모욕 등 성희롱, 사이버 스토킹, 개인정보 유출 및 불법 성적 영상 촬영과 유포, 불법촬영물의 소지·구입·저장·시청, 유포 협박, 온라인 그루밍 등이 포함되어야 했기 때문이다.

이처럼 사이버 성폭력과 인터넷 성폭력은 개념 자체가 공간 개념을 전제하기 때문에 상대적으로 행위 유형을 구체화하거나 유형화하기 어려워 태생적으로 포괄적 개념으로 이해될 수밖에 없는 한계가 있다.

이에 따라 2017년 이후 사회적으로 크게 논의된 개념이 바로 디지털 성범죄다. 이는 2017년 국무조정실에서 발표한 '디지털 성범죄(몰래카메라 등) 피해 방지 종합대책'에 근거하며, 비동의 성적 영상 촬영과 유포가 핵심 범죄 유형이라 할 수 있다.

표 2-1. 사이버 성폭력(인터넷 성폭력)의 유형화
출처: 장다혜·김수아(2018), 68쪽, 표 2-1 참조.

<table>
<tr><th>구분</th><th colspan="2">유형</th></tr>
<tr><td>온라인 그루밍</td><td colspan="2">아동·청소년에 대한 성착취 목적 대화</td></tr>
<tr><td rowspan="3">사이버 성적 괴롭힘(희롱)</td><td colspan="2">사이버 공간 내에서 성적 내용을 포함한 명예훼손 또는 모욕</td></tr>
<tr><td colspan="2">개인정보 공개</td></tr>
<tr><td colspan="2">동의 없는 성적 이미지, 음란물 전송</td></tr>
<tr><td>사이버 스토킹</td><td colspan="2">공포심이나 불안감을 느끼게 할 수 있는 표현 또는 영상물을 반복적으로 전송</td></tr>
<tr><td rowspan="5">디지털 성범죄</td><td rowspan="3">불법촬영·제작</td><td>아동·청소년성착취물 제작</td></tr>
<tr><td>불법촬영(도촬)</td></tr>
<tr><td>허위 영상물 제작</td></tr>
<tr><td colspan="2">비동의 유포(재유포, 제3자 유포 등)</td></tr>
<tr><td colspan="2">소지·구입·저장·시청</td></tr>
<tr><td rowspan="3">연계범죄</td><td rowspan="3">유포협박</td><td>성적 강요, 성적 괴롭힘</td></tr>
<tr><td>데이트폭력</td></tr>
<tr><td>금품갈취</td></tr>
</table>

딥페이크 성범죄와의 관계

물론 디지털 성범죄 개념을 성폭력처벌법 제14조 카메라등이용촬영죄에 한정된 개념으로 해석해야 하는 것은 아니다. 예를 들어 디지털 성범죄를 사이버 공간에서 이루어진 성적 자기결정권 침해 행위로 이해한다면 최근 사회적 문제가 된 지인 능욕 및 딥페이크 성범죄 문제도 디지털 성범죄의 한 유형에 포함할 수 있다. 즉, 여성 등에 대한 '성적 수치감을 동반한 사생활 침해'이자 '이미지 기반 성적 학대(image-based sexual abuse)'로서 성적 착취의 문제로 취급할 수 있게 된다.

이전에는 정치인이나 연예인과 같이 유명인의 얼굴에 성적 영상을 합성한 사진이나 영상이 주로 유포되어 이것이 표현의 자유와 관련된 패러디 문화인지, 또는 초상권 침해인지 여부에 관한 논란이 많았다. 그러나 최근에는 주변 사람을 대상으로 이미지 및 영상을 편집 · 합성하는 행위, 이른바 '지인 능욕'이 발생하고 있다. 따라서 이미 SNS 등 인터넷에 공개된 사진에 대해서는 얼마든지 손쉽게 입수해 성적 영상물로 조작(편집 · 합성)할 수 있고 유포도 가능하다는 점에서 허위 영상물이지만 딥페이크 성범죄도 새로운 디지털 성범죄 유형에 포함해 규제해야 할 필요가 크다.

디지털 성범죄의 특징

디지털 성범죄는 기본적으로 기존의 성폭력 범죄와 같은 개념에서 시작하지만 사이버 공간이라는 범죄 장소 및 수단에 따라 추가적인 특징들이 나타난다.

주된 특징으로는 인터넷을 통한 범죄 효과의 확장성, 익명성에 따른 범죄 발생의 용이성과 범죄 단속 및 검거의 곤란, 비대면성에 의한 사회적 책임 의식의 저하 등이 있다. 이는 형법에 각종 범죄 처벌 규정이 있음에도 정보통신망법 등 각종 특별형법에서 사이버 범죄를 규율하고 있는 것과 마찬가지라 할 수 있다. 이러한 특징으로 과거 사이버 범죄 발생 시 직접적인 범죄 행위자가 아님에도 불구하고 인터넷 서비스를 제공한다는 점에서 인터넷 서비스 사업자(ISP)의 형사책임 여부까지 문제가 되기도 했다. 이는 사이버 공간에서의 유포 속도와 확산 범위가 현실과는 비교할 수 없을 정도로 빠르고 넓기 때문이다. 이처럼 사이버 범죄의 확정성 및 지속성으로 피해는 급속도로 확산되며, 영상이 한번 유포된 이상 완전한 삭제가 매우 곤란하다는 점에서 피해자들은 실제 성폭력에 못지않은 수치심과 두려움을 겪게 된다.

또한 사이버 공간이라는 익명성으로 죄책감 없이 범죄를 행한다는 점과 이러한 익명성으로 단속 및 검거가 곤란하다는 점, 비대면성으로 사이버 성폭력 피해의 심각성에 대해 우리 사회가 제대로 인식하지 못하고 있다는 점 등도 문제다.

다음으로 디지털 성범죄의 특징인 여성 피해자에 대한 낙인과 왜곡된 성 인식 재생산 문제가 있다. 이는 기존 성폭력 범죄에서도 자주 나타나는 것으로, 사이버 공간에서 발생한 디지털 성범죄의 경우 특히 여성 피해자에 대한 사회적 비난이나 편견, 즉 낙인이 더욱 쉽게 생길 수 있다. 특히 여성의 성에 엄격한 남성 중심 문화 사회 속에서 불법촬영물이나 허위 영상물 등의 유포로 피해자에게 2차 피해가 발생하기 쉽고, 그 결과 범죄가 암수범죄화되거나 피해가 장기화하는 문제가 발생한다.

마지막으로 주된 가해자인 남성들이 본인의 범죄 사실을 증명하는 증거가 됨에도 익명성에 기대어 영상을 사이버 공간상에 유포하거나 영리 목적으로 판매한다는 점을 지적할 수 있다. 이는 '여성의 성'과 '여성과의 성관계'에 대한 낮은 성 인식(감수성)으로 여성의 성행위는 음란하고 부정한 것이 되고(성적 대상화), 여성이 디지털 성범죄의 피해자임에도 불구하고 오히려 불법촬영물, 허위 영상물 등이 '음란물'로 취급되어 소비됨에 따라 성범죄 영상물로 인식되지 않는 왜곡된 성 인식이 확대 및 재생산되는 문제로 이어진다.

이러한 현상의 극명한 사례가 최근 학교에서 청소년들에 의해 대거 발생한 딥페이크 성범죄 사태다.

이처럼 사이버 성폭력의 한 유형인 디지털 성범죄는 그 특성상 불법촬영(도촬)이나 리벤지 포르노와 같이 사이버 공간이라는 범죄 장소와 수단의 변화에 따라 기존 성폭력의 범죄적 특징을 대체하기 위한 별도의 요건을 요구하게 되는데, 여기에는 성폭력처벌법 제14조의 카메라등이용촬영죄에서 침해행위에 대하여 "대상자의 의사에 반하여 성적 욕망 또는 수치심을 유발"할 것을 요구하고 있는 데서 알 수 있다. 이러한 추가 요건은 일반 음란물 규제와 달리 개인의 성적 존엄과 성적 자기결정권에 대한 보호 목적이 분명히 명시하므로 사이버 공간에서 발생하는 불법촬영물, 허위 영상물 등으로 인한 침해에 대해 강력히 대응하고 처벌할 수 있는 근거가 된다.

디지털 성범죄 발생 현황

디지털 성범죄는 앞서 살펴본 바와 같이 그 주된 발생 장소가 현실 공간이 아닌 사이버 공간이기에 수사기관이 사이버 수사 활동을 적극적으로 펼쳐도 한계가 있을 수밖에 없다.

대부분 사건 인지 자체가 곤란하고, 의심되는 불법 영상물을 적발해도 피해자 확인이 어려워 수사 진행이 신속하게 진행되기 어렵다. 표 2-2는 경찰청에서 공개한 최근 5년간 성폭력처벌법 제14조 카메라 등 이용 촬영죄 발생 및 검거 현황이다.

최근 5년간의 현황에서 알 수 있듯 증감의 반복은 있으나 전체적으로 증가세를 나타내고 있다고 볼 수 있다. 또한 2021년에 6천 건을 넘었는데, 검거 현황은 발생 건수 증가세와 비교해 증가하지 못했다. 디지털 성범죄 발생 증가세에 대비한 경찰청의 적극적인 대응이 요구된다.

수사기관은 아니지만, 사이버 공간상에서 유통되는 방송 프로그램 및 인터넷, 모바일 등의 불법 · 유해 정보 콘텐츠를 심의하는 방송통신심의위원회에서는 24시간 이내 신속 심의(디지털 성범죄 정보 긴급 심의)를 통한 시정 요구(삭제, 접속 차단)와 함께 국내 · 외 사업자에

표 2-2. 카메라 등 이용 촬영죄 현황(단위: 건)

출처: 공공데이터 포털. 경찰청 성범죄 발생 및 검거 현황.

구분	2019	2020	2021	2022	2023
발생	5,762	5,032	6,212	6,867	6,626
검거	5,440	4,744	5,345	5,704	5,675
검거율	94.4	94.3	86.0	83.1	85.6

표 2-3. 디지털성범죄피해자지원센터 지원 현황(단위: 건)

출처: 공공데이터 포털. 한국여성인권진흥원 디지털성범죄피해자지원센터 지원 현황.

구분	총계	상담	삭제	수사·법률	의료
2019	101,378	5,735	95,083	500	60
2020	170,697	11,452	158,760	445	40
2021	188,083	17,456	169,820	708	99
2022	234,560	19,259	213,602	1,525	174
2023	275,520	28,082	245,416	1,819	203

게 신속하게 자율 규제를 요청해 대응하고 있다. 마찬가지로 한국여성인권진흥원 디지털성범죄피해자지원센터(이하 디지털성범죄피해자지원센터)에서도 디지털 성범죄 피해에 대한 접수 등 상담, 삭제 지원 및 유포 현황 모니터링, 수사 · 법률 · 의료 연계 지원을 제공하고 있다.

이처럼 디지털 성범죄의 경우 피해자의 피해 신고가 디지털 성범죄 발생 현황을 여실히 드러내는 현황이라 볼 수 있다. 디지털성범죄피해자지원센터가 공개한 최근 5년의 자료는 표 2-3과 같다.

표에서도 잘 드러나듯 최근 디지털 성범죄가 매우 증가하고 있으며, 이로 인한 피해도 극심하다는 것을 알 수 있다. 또한 피해자 지원 업무 중 불법 영상물 삭제가 압

도적으로 큰 비중을 차지하고 있다는 점에서 디지털 성범죄의 특징이 여실히 드러나고 있다.

한국여성인권진흥원에서 발간한 『2023 디지털 성범죄 피해자 지원 보고서』에 따르면 2023년 피해자의 성별은 여성이 74.2%, 남성이 25.8%였고 연령대별 피해자 현황을 보면 20대가 50.3%로 가장 많았다. 10대와 20대를 합치면 전체 피해자의 74.9%를 차지한다. 스마트폰이나 온라인 플랫폼, SNS 등 사이버 공간에 친숙하면서도 또래문화가 강한 세대에서 피해자가 많이 발생했다.

동 보고서에 따르면 피해 유형에서는 최근 딥페이크 성범죄가 증가하고 있음을 알 수 있고, 아직 유포되지 않아 유포에 따른 피해가 발생하지 않았으나 피해가 발생하기 전 단계에서도 불안을 호소하는 유포 불안 피해 유형이 계속해서 증가하고 있다. 더욱이 이러한 유포 불안은 피해 유형 중 전 연령층 및 성별 불문하고 가장 높게 나타났다.

피해자와 가해자 관계의 경우 채팅이나 일회성 만남 등 일시적 관계가 37.8%로 가장 많았고, 관계 미상이 22.9%, 모르는 사람 20.8%, 친밀한 관계 9.7%, 사회적 관계 8.5%의 순으로 나타났다. 주목할 점은 일시적 관계와 관계 미상이 많다는 점인데, 이는 다양한 디지털 플랫폼을 이용한 의사소통 및 관계 형성 방식의 변화, 합성·편집(딥페이크) 기술의 발달 등으로 일시적 관계 및 관계 미상의 비율이 높게 나타난 것으로 분석된다.

참고문헌

김은경(2001). "사이버 성폭력의 현실과 쟁점들". ≪사이버커뮤니케이션 학보≫, 제7권, 72~117.

김한균(2017). "사이버성범죄·디지털성범죄 실태와 형사정책". ≪이화젠더법학≫, 제9권 제3호, 27-57.

배상균(2019). "인공지능(AI) 기술을 이용한 디지털 성범죄에 대한 검토: 딥페이크(Deepfake) 포르노 규제를 중심으로". ≪외법논집≫, 제43권 제3호, 169~187.

서승희(2017). "사이버성폭력 피해의 특성과 근절을 위한 대응방안: 비동의유포 성적촬영물을 중심으로". ≪이화젠더법학≫, 제9권 제3호, 59~95.

안정민·김슬기·정소영(2018). 『디지털 성범죄에 대한 해외 주요국의 제도적 대응 실태조사』. 방송통신심의위원회.

장다혜·김수아(2018). "온라인 성폭력 범죄의 변화에 따른 처벌 및 규제", 『한국형사정책연구원 연구총서 18-AA-01』.

공공데이터 포털. "경찰청 성범죄 발생 및 검거 현황". https://www.data.go.kr/data/15039258/fileData.do?recommendDataYn=Y

공공데이터 포털. "한국여성인권진흥원 디지털성범죄피해자지원센터 지원현황". https://www.data.go.kr/data/15037860/fileData.do?recommendDataYn=Y

이선욱(2024.8.29.). "'놀이문화처럼 번져'…딥페이크 성범죄 왜 유독 청소년들 많았나?". BBC News 코리아.
https://www.bbc.com/korean/articles/c4gl8zpd7e0o
진 메켄지·최리현(2024.9.3.). "한국 학교를 집어삼킨 '딥페이크 음란물' 사태를 들여다보다". BBC News 코리아.
https://www.bbc.com/korean/articles/cdx6pxr7w6xo
한국여성인권진흥원(2024). "2023 디지털 성범죄 피해자 지원 보고서", 『여성인권-결과보고-2024-001』.
허윤희(2024.9.10.). "딥페이크 피해 2년새 30배↑…가해·피해자 모두 10대가 '최다'". 한겨레.
https://www.hani.co.kr/arti/area/capital/1157847.html

03
딥페이크 성범죄의 심각성

피해 영상물이 사이버 공간에 유포되면 디지털 데이터의 특성상 완전한 삭제나 필터링이 어렵다. 삭제 골든타임을 놓치면 피해 최소화가 어려워 피해자를 고통 속에 몰아넣게 되며, 정상적인 사회 활동이 불가능해지기 때문에 피해자의 일상을 파괴하고 만다. 최근 전국 다수의 학교 등에서 피해 사례가 확인되면서 다른 사람이 아닌 '나도 피해자'가 될 수 있다는 불안감이 확대 · 확산하고 있다. 가해자 상당수가 '단순한 놀이'라고 인식하고 있는 점도 디지털 성범죄 및 딥페이크 성범죄의 심각성을 여실히 드러낸다.

AI와 난임 극복?

딥페이크 성범죄 개념

2020년 우리 사회는 'N번방'과 '박사방' 등 디지털 성범죄 사건을 목도하며 전 국민적 분노로 들끓었다. 특히 이 사건들의 피해자로 어린 10대가 많았다는 사실은 충격적이다. 이 사건뿐₩ 아니라 대학가 단톡방 성희롱 사건, 지인 사진을 불법 합성한 딥페이크 성범죄 영상물 등 다양한 형태의 디지털 성범죄가 우리의 일상을 위협하고 있다.

널리 알려진 바와 같이 딥페이크는 AI 기반 이미지 합성 기술로, 특히 인공지능기술 중 안면 맵핑(mapping) 기술을 활용해 타인의 얼굴을 다른 영상에 합성하는 영상물을 말한다.

기존의 딥페이크 기술은 여러 장의 사진과 음성 데이터를 딥러닝 알고리즘으로 학습해 동영상을 만들어 내는 구조였기에 많은 인물 사진이 필요했으나, 이제는 한

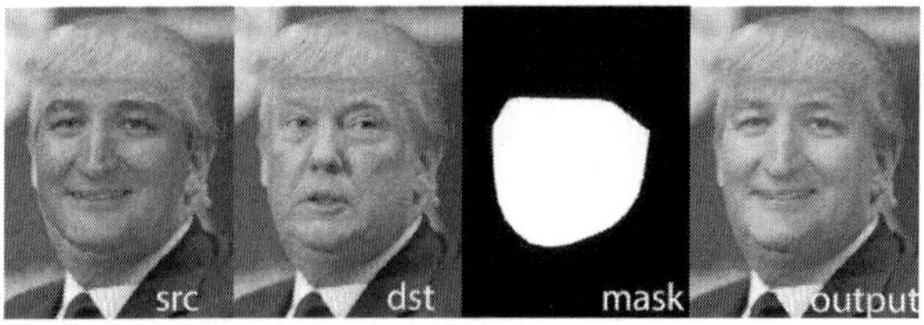

그림 3-1. 딥페이크 기술을 활용한 사진 합성물 제작 과정.
출처: Alan Zucconi. An Introduction to DeepFakes and Face-Swap Technology.

장의 얼굴 사진만으로도 '말하는 얼굴 동영상(talking head videos)'을 손쉽게 만들 수 있는 새로운 기술까지 등장해 이를 악용한 딥페이크 성범죄가 간편해졌고, 진위를 확인하기도 더욱 어려워지면서 피해의 심각성도 커졌다.

기존의 성범죄와 달리 딥페이크 성범죄 영상물이 온라인에 유포되면 매우 빠른 속도로 광범한 영역에 전파된다. 한 번 공유된 영상물의 영구적인 삭제는 사실상 불가능하다. 이처럼 피해 회복이 어렵다는 점에서 딥페이크 성범죄의 심각성에 대해 충분한 인식과 피해 최소화를 위한 신속한 삭제 대응이 요구된다.

딥페이크 성범죄의 발생 현황

딥페이크 기술을 이용한 허위 영상물(딥페이크 성범죄)의 유포 현황은 이미 2017년부터 집계되었다.

방송통신심의위원회에 따르면 2017년 하반기 음란물 및 성매매 정보 중점 모니터링 결과 494건이 적발되었고, 이중 '지인 능욕' 허위 영상물이 291건으로 절반 이상을 차지한다. 이 당시부터 지인의 SNS 계정에서 프로필 사진 등을 내려 받아 음란물로 합성한 뒤 유포하는 딥페이크 성범죄가 사회적 문제로서 언론에 보도되기 시작했다.

2019년, 방송통신심의위원회는 디지털 성범죄 신속 대응을 위한 '디지털 성범죄 심의소위원회'를 신설했다. 2020년, 디지털 성범죄 심의소위원회에서는 딥페이크 기술을 이용한 허위 영상 정보 52건에 대해 '접속 차단' 조치를 의결했는데, 해당 접속 차단 대상 사이트에는 200여 명에 달하는 연예인의 허위 영상물 1천여 건이 유통되고 있는 것으로 확인되었다.

딥페이크 성범죄는 국내 문제에 국한되는 것이 아니라 전 세계적 문제다. 사이버 보안 전문 민간 기업 '딥트레이스(Deeptrace)'에서 발표한 자료에 따르면 2019년 기준 온라인상의 딥페이크 영상물은 14,678개였으며, 이는 2018년 7,964개였던 영상 수의 약 2배로 증가한 것이다(Ajder, et al., 2019). 특히 인터넷을 통해 공유 및 유포되는 딥페이크 영상물의 96%가 포르노로 제작된 영상물이라고 한다. 더욱이 딥페이크 성범죄 영상물을 분석한 결과, 딥페이크 성범죄 피해 대상은 100% 여성인 것으로 나타났으며, 딥페이크 성범죄 피해 여성의 주요 국가는 미국이 41%, 한국이 25%, 영국 12% 등이었고, 특히 한국의 딥페이크 성범죄 피해 여성은 주로 케이팝 여성 아이돌 가수였다고 한다.

한국에서 딥페이크 성범죄가 독자적인 형사처벌 대상이 된 것은 2020년 3월 24일 성폭력처벌법 일부 개정을 통해 제14조의2(허위영상물 등의 반포 등)가 신설되면서부터다(6월 25일 시행). 이전까지는 처벌 규정의 미비로 딥페이크 영상물을 패러디 영상물로 취급해 민사상의 손해배상이 문제가 되거나, 정보통신망법상 명예훼손 또는 음란물 유포의 요건을 충족하는 경우에만 해당 범죄로 처벌할 수 있었다. 그 때문에 적시에 처벌할 수 없었고 피해의 심각성에 비해 형사처벌하기 어렵다는 비판이 제기되었다.

특히 'N번방' 사건도 최근 딥페이크 영상물 제작 기술을 이용, 대상자 얼굴과 음란물을 합성해 성적 수치심을 유발하는 형태로 만들어 SNS 등에 유포하는 디지털 성범죄 파생 피해 사례의 전형이다. 또한 이른바 '지인 능욕'으로서 주변 사람을 상대로 딥페이크 기술을 이용한 영상 합성 행위가 발생하고 있으며, 이는 SNS 등 인터넷에 공개된 얼굴 사진 등을 통해 손쉽게 얼마든지 조작(편집 · 합성)을 할 수 있고 재생산이 쉽다는 점에서 그동안 피해 양상으로 규정되지 않았던 새로운 디지털 성범죄로 볼 수 있다.

표 3-1에서 볼 수 있듯 딥페이크 성범죄는 형사처벌을

표 3-1. 최근 딥페이크 성범죄 발생 건수 및 검거 현황
출처: 원형민. 딥페이크 범죄 발생 건수·검거 현황. 연합뉴스.

구분	총계	2021	2022	2023	2024
발생	793	156	160	180	297
검거	403	79	78	100	146

시작한 2020년부터 매년 증가하고 있다. 최근 딥페이크 성범죄의 특징으로는 미성년자 범죄자가 대부분이라는 점을 들 수 있다. 수사 결과를 살펴보면, 검거된 청소년의 대부분은 서로 공범 관계가 아니라 홀로 인터넷에서 딥페이크 관련 정보를 취득하고 범행을 저질렀다. 인공지능 기술 환경에 익숙한 청소년들 사이에서 손쉽게 범죄가 발생할 수 있다는 것이다. 청소년들에게 딥페이크 성범죄 피해의 심각성과 허위 영상물 제작 · 유포 시 처벌될 수 있다는 내용을 알리는 예방 교육을 통해 조속한 인식 개선이 이루어질 필요가 있다.

딥페이크 성범죄에 관한 잘못된 인식

이처럼 최근 문제가 된 딥페이크 성범죄 영상물 제작 · 유포는 청소년들 사이에서 또래 집단의 놀이 문화로서 잘못 인식되고 있다. 딥페이크 성범죄 영상물의 공유가 크게 번지게 된 이유다.

또한 과거 딥페이크 성범죄 영상물의 경우 불법촬영물과 달리 '유포할 목적'이 인정되지 않으면 단순 소지 등은 처벌하기 어려웠고, 특히 해외에 서버를 둔 플랫폼 텔레그램에서 유포가 주로 이뤄지기 때문에 수사 협조가 원활하지 않았다. 그 때문에 청소년들 사이에서도 온라인상의 익명성 덕분에 붙잡힐 염려가 없다는 잘못된 인식이 생겼다.

따라서 10대들이 또래 집단의 '놀이'라고 생각했던 것이 실제로는 피해자에 대한 성적 대상화 · 모욕이라는 사실을 인식시키는 교육과 더불어 이러한 디지털 성범죄가 더는 확산하지 않도록 처벌 및 플랫폼 규제를 강화해야 한다.

기존 형사 규제의 한계와 딥페이크 성범죄 규제의 필요성

딥페이크 기술은 다양한 분야에 이용되고 있는데, 사기범죄 또한 딥페이크 기술의 발전에 따라 최근 문제가 되고 있다. 최근 미국 대선에서도 문제가 되었던 가짜 뉴스가 급증하면서 딥페이크는 보이스피싱에도 쓰이고, 플랫폼에서 유명인 사칭 광고 영상물에까지 확대 및 재생산되고 있다. 특히 딥페이크 기술을 활용해 특정인의 목소리나 얼굴을 합성, 지인에게 연락해 송금을 받거나 돈을 건네받는 경우가 문제다. 과거에는 비슷한 목소리 정도를 구현하는 데 많은 데이터가 요구되었으나, 현재는 인공지능을 활용한 음성 합성 및 복제 기술인 딥보이스 기술을 이용해 SNS 등에 있는 30초 내외의 목소리만으로도 동일한 음성 데이터를 만들어 낼 수 있게 되면서 보이스피싱 사기 범죄 피해가 커지고 있다.

그리고 딥페이크 기술을 이용한 영상물이 주로 문제가 되는 것은 디지털 성범죄에 해당하는 딥페이크 성범죄 영상물의 제작 및 유포에 관한 것이다. 국회에서는 이에 실효적으로 대응하기 위해 2020년 3월 24일 성폭력처벌법 일부 개정을 통해 허위 영상물 제작 및 유포행위의 처벌 규정을 신설했다(성폭력처벌법 제14조의2).

가짜 뉴스 유포 및 사칭도 큰 문제다. 가짜 뉴스는 실제 뉴스의 형식을 갖춘, 정교하게 공표된 일종의 사기물 또는 선전물, 허위 정보라고 볼 수 있다. 문제는 내용이 거짓인 부분도 문제이지만 그보다 객관적 사실보다 감정이나 개인적 믿음이 공공 여론을 형성하는 데 더 영향력을 발휘하는 경우가 많다는 것이다.

사칭은 자신의 얼굴 대신 합성한 유명인 또는 타인의 얼굴을 이용해 유명인 또는 타인을 사칭하는 경우로, 단순히 사칭하는 경우도 있지만 메시지를 전달하거나 가짜 뉴스를 생성하는 경우가 많다.

이는 이미지 및 영상 표현물을 매개로 한다는 점에서 정보통신망법상 명예훼손죄의 적용 여부가 문제시 된다. 딥페이크 성범죄 영상물이 디지털 성범죄로서 형사처벌되기 이전에는 명예훼손 행위로서 취급되었기 때문이다. 앞서 2020년 3월 성폭력처벌법이 개정됨에 따라 딥페이크 성범죄를 성폭력 범죄로 규정했기 때문에 현재는 가짜 뉴스 유포 및 사칭의 경우만을 명예훼손 행위로 규제하고 있다.

참고문헌

김윤구(2019.7.19.). "중국서 AI 이용한 '연예인 얼굴 합성' 포르노 거래". 연합뉴스.
https://www.yna.co.kr/view/AKR20190719090200083

미디어오늘(2017.2.17.). "어느 것이 진짜 '가짜 뉴스'인가". 미디어오늘.
http://www.mediatoday.co.kr/news/articleView.html?idxno=135129

배상균(2019). "인공지능(AI) 기술을 이용한 디지털 성범죄에 대한 검토: 딥페이크(Deepfake) 포르노 규제를 중심으로". ≪외법논집≫, 제43권 제3호, 169~187.

배상균(2021). "딥페이크(Deepfake) 영상물에 관한 법적 대응조치 검토". ≪4차산업혁명 법과 정책≫, 제3호, 183~210.

원형민(2024.9.3.). “딥페이크 범죄 발생건수·검거 현황”. 연합뉴스. https://www.yna.co.kr/view/GYH20240903000300044

장다혜·김수아(2018). “온라인 성폭력 범죄의 변화에 따른 처벌 및 규제”. 『한국형사정책연구원 연구총서 18-AA-01』.

진 메켄지·최리현(2024.9.3.). “한국 학교를 집어삼킨 ‘딥페이크 음란물’ 사태를 들여다보다”. BBC News 코리아. https://www.bbc.com/korean/articles/cdx6pxr7w6xo

채새롬(2020.6.25.). “방심위, 연예인·지인 ‘딥페이크’ 영상사이트 등 52건 시정요구”. 연합뉴스. https://www.yna.co.kr/view/AKR20200625127400017

한상기(2017). “가짜뉴스의 현황과 원인, 그리고 대응 방안”. ≪한국인터넷진흥원 KISA Report≫, 2호, 3~7.

한승곤(2018.10.14.). “지인 능욕을 아시나요. 카톡, 페북, 인스타 사진 어쩌나”. 아시아경제. https://www.yna.co.kr/view/AKR20200625127400017?section=searchhttps://www.asiae.co.kr/article/2018101421504411643

허윤희(2024.9.10.). “딥페이크 피해 2년새 30배↑…가해·피해자 모두 10대가 ‘최다’”. 한겨레. https://www.hani.co.kr/arti/area/capital/1157847.html

園田寿(2015). “リベンジポルノ防止法について”. ≪刑事法ジャーナル≫, 第44号, 47~54.

Ajder, H., & et al.(2019). *THE STATE OF DEEPFAKES: LANDSCAPE, THREATS, AND IMPACT.* Deeptrace.

Zucconi, A.(2018). An Introduction to DeepFakes and Face-Swap Technology. https://www.alanzucconi.com/2018/03/14/introduction-to-deepfakes/

04
성폭력처벌법 제14조의2(허위영상물 등의 반포 등)

최근 특정 인물의 신체 등을 대상으로 한 영상물 등을 성적 욕망 또는 수치심을 유발할 수 있는 형태로 편집하는 딥페이크 등으로 인한 피해가 증가하고 있다. 이는 현행 규정으로 처벌하기 어렵거나 처벌이 미약해 별도의 처벌 규정을 마련할 필요성이 커지고 있다. 이처럼 디지털 성범죄가 문제가 된 'N번방' 사건을 입법적으로 해결하기 위해 국회 국민동의청원이 진행되어 나온 첫 번째 산출물이 바로 딥페이크 성범죄 처벌 조항이다.

AI와 사주?

2020년 성폭력처벌법 개정 경위

2020년 법 개정 전까지는 딥페이크 성범죄의 행위 유형인 합성 및 편집 영상물이 기존의 성폭력처벌법 해석상 카메라 등 이용 촬영죄의 처벌 범위에 포섭되지 않아 딥페이크 성범죄 영상물은 주로 명예훼손죄로 처벌해야 했다. 이러한 해석상의 문제를 해소하기 위해 입법적 개선 방안에 대한 논의가 진행되던 중 2019년부터 사회적 문제가 된 'N번방' 사건을 입법적으로 해결하기 위해 국회 국민동의청원이 진행되었고, 그 첫 번째 산출물이 바로 딥페이크 성범죄(성폭력처벌법 제14조의2 허위영상물 등의 반포 등) 처벌 조항이다.

대법원 2017도3443 판결

딥페이크 성범죄 처벌 입법에 많은 영향을 준 2018년 8월 판례를 통해 기존의 카메라 등 이용 촬영죄의 해석상 복제물 및 합성 및 편집 영상물은 왜 처벌 대상이 되지 않는지를 검토해 보자.

사실관계를 살펴보면, 피고인은 2016년 1월 중순 서울 어느 장소에서, 피해자와 성관계를 하면서 동의하에 피해자가 촬영한 동영상을 피고인이 전송받아 피고인 컴퓨터에 저장해 놓았다가, 일부 동영상을 재생한 뒤, 컴퓨터 모니터 화면상 재생된 성관계 장면 중에서 피고인은 피해자와의 특정 성행위 장면만을 피고인 휴대전화 카메라로 다시 촬영했다(복제물 및 편집 영상물). 해당 사진 3장을 지인 명의의 휴대전화 문자메시지 기능을 이용해 피해자의 아내 휴대전화로 발송함으로써, 촬영 당시에는 피해자의 동의를 얻었으나 사후에 그 의사에 반해 '피해자의 신체를 촬영한 편집 영상물'을 피해자의 아내에게 제공한 사건이다.

이러한 사실관계에 대해 대법원은 다음과 같이 판시했다. "성폭력처벌법 제14조 제1항은 카메라나 그 밖에 이와 유사한 기능을 갖춘 기계장치를 이용해 성적 욕망 또는 수치심을 유발할 수 있는 다른 사람의 신체를 그 의사에 반해 촬영하거나 그 촬영물을 반포 · 판매 · 임대 · 제공 또는 공공연하게 전시 · 상영한 자"에 대한 처벌을 규정하고 있으며, "위 조항이 촬영의 대상을 '다른 사람의 신체'로 규정하고 있으므로, 다른 사람의 신체 그 자체를 직접 촬영하는 행위만이 위 조항에서 규정하고 있는 '다른 사람의 신체를 촬영하는 행위'에 해당하고, 다른 사람의 신체 이미지가 담긴 영상을 촬영하는 행위는 이에 해당하지 않는다"는 것이다.

또한 성폭력처벌법 제14조 제2항에 대해서도 "제1항

의 촬영이 촬영 당시에는 촬영 대상자의 의사에 반하지 아니하는 경우에도 사후에 그 의사에 반하여 촬영물을 반포 · 판매 · 임대 · 제공 또는 공공연하게 전시 · 상영한 자"에 대한 처벌을 규정한 것으로, 위 제2항은 촬영 대상자의 의사에 반하지 아니하여 촬영한 촬영물을 사후에 그 의사에 반해 반포하는 행위 등을 규율 대상으로 하면서 그 촬영의 대상과 관련해서는 '제1항의 촬영'이라고 규정하고 있는 것이라고 했다. 그러므로 "성폭력처벌법 제14조 제1항이 촬영의 대상을 '다른 사람의 신체'로 규정하고 있으므로, 위 제2항의 촬영물 또한 '다른 사람의 신체'를 촬영한 촬영물을 의미한다고 해석해야 하는데, '다른 사람의 신체에 대한 촬영'의 의미를 해석할 때 위 제1항과 제2항의 경우를 달리 볼 근거가 없다"라고 했다.

따라서 대법원은 "다른 사람의 신체 그 자체를 직접 촬영한 촬영물만이 위 제2항에서 규정하고 있는 촬영물에 해당하고, 다른 사람의 신체 이미지가 담긴 영상을 촬영한 촬영물은 이에 해당하지 아니한다"라고 판시했다(대법원 2017도3443 판결).

대법원 2017도3443 판결의 의의

본 판례의 의의는 성폭력처벌법 제14조 제2항에서의 '촬영물'을 어떻게 해석할 것인지에 대해 판결한 데 있다. 본 사건은 항소심(서울중앙지방법원 2016노4877 판결)인 제2심에서 성폭력처벌법 제14조 제1항 전단의 '다른 사람의 신체를 그 의사에 반하여 촬영한 경우'에 대한 기존 대법원의 판례 태도인 촬영의 대상이 되는 것은 '다른 사람의 신체 그 자체'로서 동조 제2항에서의 '촬영물' 또한 동일한 의미를 가진다는 해석과 달리, 타인의 신체를 그 의사에 반해 촬영 및 유포하는 행위를 처벌하는 동법의 입법 취지에 비추어, 동조 제2항에서의 '촬영물'의 범위에는 촬영물 자체를 직접 유포하는 행위뿐 아니라 그 촬영물을 복제하거나 다른 기록 매체에 저장한 후 이를 유포 하는 등의 경우도 포함된다고 판시했다. 이러한 해석은 성폭력처벌법 제14조의 제·개정 취지를 다분히 고려한 해석이라 할 수 있다.

그러나 대법원은 이에 대해 기존의 태도를 고수하면서, 성폭력처벌법 제14조 제1항 전단에서 규정하고 있는 '촬영의 대상'은 '다른 사람의 신체'이므로, 다른 사람의 신체 그 자체를 '직접' 촬영하는 행위만이 위 조항에서 규정하고 있는 '다른 사람의 신체를 촬영하는 행위'에 해당

할 뿐이라고 하면서, 다른 사람의 신체 이미지가 담긴 영상을 촬영하는 행위는 이에 해당하지 않는다고 했다.

또한 대법원은 본 판결에 앞선 2018년 3월에도 "성폭력처벌법 제14조 제1항의 촬영의 대상은 '성적 욕망 또는 수치심을 유발할 수 있는 다른 사람의 신체'라고 보아야 함이 문언상 명백하므로 위 규정의 처벌 대상은 '다른 사람의 신체 그 자체'를 카메라 등 기계장치를 이용해서 '직접' 촬영하는 경우에 한정된다고 보는 것이 타당하므로, 다른 사람의 신체 이미지가 담긴 영상도 위 조항의 '다른 사람의 신체'에 포함된다고 해석하는 것은 법률 문언의 통상적인 의미를 벗어나는 것이어서 죄형법정주의 원칙상 허용될 수 없(다)"라고 판시했다(대법원 2017도21656 판결).

이러한 대법원 판례(대법원 2017도3443 판결)은 항소심(제2심)과의 관계에서 현행 법규의 '해석적 한계'에서 엄밀하게 검토된 것이라 평가할 수 있고, 또한 형사정책적 입장에서 입법을 통해 해결해야 한다는 원칙론을 강조한 것이라 할 수 있다.

결국 2018년 3월 및 8월 대법원의 일관된 판결이 나온 이후, 성폭력처벌법 제14조의 '촬영물'에 대한 대법원의 엄격한 해석에 대한 많은 문제가 제기되었다. 그 결과

2018년 12월에 법률 제15977호로 법이 일부 개정되어 동조 제1항 및 제2항의 벌금형 인상과 제3항의 벌금형을 삭제하고, 동조 제2항에서 "제1항에 따른 촬영물 또는 복제물(복제물의 복제물을 포함한다.)"이라고 규정했고, 또한 동조 제3항에서도 기존에 "제1항의 촬영물"이라고 규정하던 것을 "제2항의 죄"로 개정해 동조의 '촬영물' 범위를 통일했다. 이러한 2018년 성폭력처벌법의 개정은 직접 촬영만을 행위 유형으로 규정한 것에 복제물을 추가한 것으로 나름의 의미가 있으나, 합성 및 편집 영상물에 대한 규제를 포함한 것이라 볼 수 없어 여전히 처벌 공백에 대한 지적이 있었다. 그리고 그러한 처벌 공백이 직접적으로 문제가 된 'N번방' 사건이 발생하면서 딥페이크 성범죄에 대한 규제 논의가 급물살을 타게 되었다.

2020년 개정 성폭력처벌법 내용

속칭 '지인 능욕' 등으로 표현되는 딥페이크 성범죄의 피해 양상은 심각하다. 이것이 디지털 성범죄임에도 가해자에 대한 형사처벌 및 피해자 보호 방안 면에서 성폭력처벌법상 카메라 등 이용 촬영죄에 비해 부족한 것이 사실이다. 또한 인공지능 기술을 이용한 합성 · 편집 영상물이 카메라 등 이용 촬영죄에서의 '촬영'이나 '촬영물'에 포섭될 수 없음은 이미 살펴본 대법원 판례에 비추어 자명하다는 점에서 입법적 개선이 요구된다. 이처럼 2020년 개정 성폭력처벌법은 딥페이크 성범죄 규제를 위한 것이며, 성폭력처벌법 일부 개정 이유에서도 이를 명확히 명시하고 있다.

> 특정 인물의 신체 등을 대상으로 한 영상물 등을 성적 욕망 또는 수치심을 유발할 수 있는 형태로 편집하는 딥페이크 등으로 인한 피해가 증가하고 있는데, 현행 규정으로는 이를 처벌하기 어렵거나 처벌이 미약하여 이에 대한 별도의 처벌 규정을 마련할 필요성이 증가하고 있음. 이에 반포 등을 할 목적으로 사람의 신체 등을 대상으로 한 촬영물 등을 대상자의 의사에 반하여 성적 욕망 또는 수치심을 유발할 수 있는 형태로 편집 · 합성 · 가공한 자, 이러한 편집물 · 합성물 또는 복제물의 반포 등을 한 자, 편집 · 합성 · 가공 당시에는 대상자의 의사에 반하지 아니하였으나 사후에 그 편집물 등을 대상자의 의사에 반하여 반포 등을 한 자에 대한 처벌 근거를 마련하고, 영리를 목적으로 정보통신망을 이용하여 이러한 죄를 범한 자를 가중처벌할 수 있도록 하려는 것임.

그리고 이러한 개정 이유에 근거해 2020년 3월 24일에 신설된 성폭력처벌법 제14조의2는 다음과 같다.

> 제14조의2(허위영상물 등의 반포등) ① 반포등을 할 목적으로 사람의 얼굴 · 신체 또는 음성을 대상으로 한 촬영물 · 영상물 또는 음성물(이하 이 조에서 "영상물등"이라 한다)을 영상물등의 대상자의 의사에 반하여 성적 욕망 또는 수치심을 유발할 수 있는 형태로 편집 · 합성 또는 가공(이하 이 조에서 "편집등"이라 한다)한 자는 5년 이하의 징역 또는 5천만원 이하의 벌금에 처한다.
> ② 제1항에 따른 편집물 · 합성물 · 가공물(이하 이 항에서 "편집물등"이라 한다) 또는 복제물(복제물의 복제물을 포함한다. 이하 이 항에서 같다)을 반포등을 한 자 또는 제1항의 편집등을 할 당시에는 영상물등의 대상자의 의사에 반하지 아니한 경우에도 사후에 그 편집물등 또는 복제물을 영상물등의 대상자의 의사에 반하여 반포등을 한 자는 5년 이하의 징역 또는 5천만원 이하의 벌금에 처한다.
> ③ 영리를 목적으로 영상물등의 대상자의 의사에 반하여 정보통신망을 이용하여 제2항의 죄를 범한 자는 7년 이하의 징역에 처한다.

2020년 개정 성폭력처벌법의 의의와 과제

이처럼 딥페이크 범죄 피해의 심각성에 비해 처벌이 미약하다는 인식과 새로운 범죄 행위 유형에 관한 규제 필요성이 확산되어 입법적 대응이 논의되었고, 특히 'N번방' 사건을 계기로 디지털 성범죄에 대한 사회적 경각심이 높아지면서, 2020년 3월 성폭력처벌법 개정이 이루어졌다. 이를 통해 허위 영상물 등의 제작, 편집, 합성, 가공, 반포 등에 대한 처벌 규정이 신설되었다.

디지털 성범죄 및 딥페이크 성범죄는 '인간 존엄을 침해하는 (성)상품화'로서 '성적 수치심을 동반한 프라이버시 침해'이며, '이미지 기반 성적 학대'이자 성적 자기결정권의 침해라 할 수 있다. 따라서 이러한 딥페이크 성범죄를 처벌하기 위한 성폭력처벌법 개정의 의미는 매우 크다.

2020년 개정법에서는 딥페이크 기술로 만들어진 허위 영상물 등에 따른 피해자의 인격권과 사생활 침해를 방지하고자 했으며, 특히 딥페이크 허위 영상물이 실제 촬영에 의한 영상물 못지않게 심각한 피해를 야기한다는 인식이 반영되었다. 이를 통해 인공지능 기술을 이용한 새로운 유형의 성범죄에 대한 법적 대응력을 한층 강화했다.

그러나 2020년 법 개정에도 불구하고 인공지능 기술의 급속한 발달과 더불어 코로나19에 따른 비대면 사회로의 전환이 생활 양상을 변화시키면서 텔레그램 등 SNS를 통한 딥페이크 성범죄의 심각성이 더욱 커지기 시작했다. 2020년 법 개정에서는 딥페이크 성범죄의 확산을 막고 잠재적 피해자를 보호하기 위해 허위 영상물의 제작, 편집, 합성, 가공, 반포 등의 행위를 처벌 대상으로 했으나, 이에 추가해 허위 영상물의 소지, 구입, 저장, 시청 행위에 대해서도 처벌의 필요성이 논의되기 시작했다. 이는 아직도 인공지능 기술을 이용한 딥페이크 성범죄에 대한 사회적 경각심이 높지 않을 뿐 아니라 피해자 보호도 충분하지 않다는 현실을 여실히 드러낸 것이다.

참고문헌

배상균(2016). "'도촬행위' 현상과 규제에 관한 비교법적 검토: 성폭력처벌법 제14조를 중심으로". ≪형사정책연구≫, 제27권 제1호, 1~30.

배상균(2019). "인공지능(AI) 기술을 이용한 디지털 성범죄에 대한 검토: 딥페이크(Deepfake) 포르노 규제를 중심으로". ≪외법논집≫, 제43권 제3호, 169~187.

안정민·김슬기·정소영(2018). 『디지털 성범죄에 대한 해외 주요국의 제도적 대응 실태조사』. 방송통신심의위원회.

양윤우(2024.8.29.). “징역 11년 가능한데…‘서울대 딥페이크’ 공범, 5년형 ‘반토막’, 왜?”. 머니투데이. https://news.mt.co.kr/mtview.php?no=2024082816275152242

이근우(2019). “성폭력처벌법(카메라등이용촬영죄)의 문제점과 개선방안: 대법원 2018. 8. 30. 선고 2017도3443 판결”. ≪법조≫, 제68권 제1호, 549~568.

05
디지털 성범죄 처벌 주요 판례

디지털 성범죄는 기본적으로 이미지 기반 성 착취(학대) 행위로, 다른 범죄에 비해 비교적 최근에 생긴 범죄다. 과거에는 비디오카메라 등을 이용한 불법촬영 및 유포 행위가 주된 규제 대상이었다. 이후 IT 기술이 발전해 불법촬영물이 SNS나 웹하드에 유포되면서 그 피해 범위가 급격하게 확대되었다. 또한 인공지능 기술의 발전으로 속칭 '지인 능욕'이라 불리는 합성 성 영상물의 제작 · 유포가 문젯거리가 되면서 디지털 성범죄의 심각성에 대한 국민적 경각심이 대두했다.

AI와 아이돌?

주요 판결 1(대법원 2016도6172 판결)

본 판결은 성폭력처벌법 제14조 제1항의 해석에 관한 것으로, 입법 취지 및 법 조항 해석상 "타인의 신체를 그 의사에 반하여 촬영한 촬영물"을 반포 · 판매 · 임대 또는 공연히 전시 · 상영한 자와 촬영물을 촬영한 자와 반드시 동일인이어야 하는 것은 아니라고 한 점에서 의미가 크다. 구체적으로 살펴보면 본 판결의 요지는 다음과 같다.

> 성폭력범죄의 처벌 등에 관한 특례법 제14조 제1항 후단의 문언 자체가 "촬영하거나 그 촬영물을 반포 · 판매 · 임대 또는 공연히 전시 · 상영한 자"라고 함으로써 촬영 행위 또는 반포 등 유통 행위를 선택적으로 규정하고 있을 뿐 아니라, 위 조항의 입법 취지는, 개정 전에는 카메라 등을 이용하여 성적 욕망 또는 수치심을 유발할 수 있는 타인의 신체를 그 의사에 반하여 촬영한 자만을 처벌하였으나, '타인의 신체를 그 의사에 반하여 촬영한 촬영물'(이하 '촬영물'이라 한다)이 인터넷 등 정보통신망을 통하여 급속도로 광범위하게 유포됨으로써 피해자에게 엄청난 피해와 고통을 초래하는 사회적 문제를 고려하여, 죄책이나 비난 가능성이 촬영 행위 못지않게 크다고 할 수 있는 촬영물의 시중 유포 행위를 한 자에 대해서도 촬영자와 동일하게 처벌하기 위한 것인

점을 고려하면, 위 조항에서 촬영물을 반포 · 판매 · 임대 또는 공연히 전시 · 상영한 자는 반드시 촬영물을 촬영한 자와 동일인이어야 하는 것은 아니고, 행위의 대상이 되는 촬영물은 누가 촬영한 것인지를 묻지 아니한다.

이와 관련해 본 대법원 판례의 항소심(춘천지방법원 2015노24 판결)에서는 카메라 이용 촬영죄에서의 촬영 행위는 '직접' 이루어져야 하는데, 본 건에서는 촬영자와 유포자가 다르므로 촬영 행위의 '직접성'이 충족되지 않았다는 피고인 측의 주장이 있었다.

이에 대해 항소심 및 대법원에서는 피고인 측이 대법원 2013도4279 판결을 원용한 주장에 대해 "피해자가 스스로 자신의 신체 부위를 화상 카메라에 비추었고 카메라 렌즈를 통과한 상의 정보가 디지털화되어 피고인의 컴퓨터에 전송되었으며, 피고인은 수신된 정보가 영상으로 변환된 것을 휴대전화 내장 카메라를 통해 동영상 파일로 저장하였던 사안에서, 위 규정의 처벌 대상은 '다른 사람의 신체 그 자체'를 카메라 등 기계장치를 이용해서 '직접' 촬영하는 경우에 한정된다는 전제 하에, 피고인은 '피해자의 신체 이미지가 담긴 영상'을 촬영하였을 뿐 '피해자의 신체 그 자체'를 촬영한 것은 아니라는 이유로 성폭력범죄의처벌등에관한특례법위반(카메라등이용촬영)죄가 성립하지 않는다고 판단한 것으로서, 전단의 적용 여부가 문제된 것인데, 위 범죄가 성립하기 위해서는 촬영의 대상이 '다른 사람의 신체 그 자체'여야 한다는 취지의 판시일 뿐 범죄의 주체를 촬영자로 제한하는 것은 아니므로 이 사건에 원용하기에 적절하지 아니하다"라고 판단했다.

따라서 본 건에서 촬영 자체는 타인의 신체를 비동의 촬영한 것이기에 "자신이 직접 촬영하지 않았다고 하더라도 타인의 신체를 그 의사에 반하여 촬영한 촬영물을 반포 · 판매 · 임대 또는 공연히 전시 · 상영한 경우에는 성폭력범죄의처벌등에관한특례법위반(카메라등이용촬영)죄가 성립한다"라고 했다.

주요 판결 2(대법원 2022도6278 판결)

본 판결은 청소년성보호법 제11조 제5항의 해석에 관한 것으로, 법 조항에서 말하는 '소지'의 의미에 관해 자신이 지배하지 않는 서버 등에 저장된 아동 · 청소년이용음란물에 접근해 다운로드할 수 있는 인터넷 주소(URL) 등을 제공받은 것에 그친 경우에는 이를 아동 · 청소년이용음란물을 '소지'한 것으로 평가할 수 없다고 했다.

즉 청소년성보호법상 '소지'는 아동 · 청소년이용음란물을 '사실상의 점유 또는 지배하에 두는 행위'를 의미하는데, 본 판결은 행위자가 아동 · 청소년이용음란물에 언제든지 접근 가능하고 보관 · 유포 · 공유할 수 있는 상태에 있지 않다고 평가한 것이다.

그러나 2020년 법 개정에 따라 구입 행위로 인한 '소지'에 대해서는 그 개념의 확장이 가능하기에 아동 · 청소년성착취물 등을 구입한 후 직접 다운로드할 수 있는 인터넷 주소를 제공받은 경우에는 청소년성보호법 제11조 제5항과 성폭력처벌법 제14조 제4항에 따라 '소지' 행위로서 처벌된다고 했다. 구체적으로 살펴보면, 본 판결의 요지는 다음과 같다.

> 형벌법규의 해석은 엄격하여야 하고 문언의 의미를 피고인에게 불리한 방향으로 지나치게 확장해석하는 것은 죄형법정주의 원칙에 어긋나는 것이다.
>
> 구 아동 · 청소년의 성보호에 관한 법률(2020. 6. 2. 법률 제17338호로 개정되기 전의 것) 제11조 제5항은 "아동 · 청소년이용음란물임을 알면서 이를 소지한 자는 1년 이하의 징역 또는 2천만 원 이하의 벌금에 처한다."라고 규정하고 있다. 여기서 '소지'란 아동 · 청소년이용음란물을 자기가 지

배할 수 있는 상태에 두고 지배관계를 지속시키는 행위를 말하고, 인터넷 주소(URL)는 인터넷에서 링크하고자 하는 웹페이지나 웹사이트 등의 서버에 저장된 개개의 영상물 등의 웹 위치 정보 또는 경로를 나타낸 것에 불과하다. 따라서 아동 · 청소년이용음란물 파일을 구입하여 시청할 수 있는 상태 또는 접근할 수 있는 상태만으로 곧바로 이를 소지로 보는 것은 소지에 대한 문언 해석의 한계를 넘어서는 것이어서 허용될 수 없으므로, 피고인이 자신이 지배하지 않는 서버 등에 저장된 아동 · 청소년이용음란물에 접근하여 다운로드받을 수 있는 인터넷 주소 등을 제공받은 것에 그친다면 특별한 사정이 없는 한 아동 · 청소년이용음란물을 '소지'한 것으로 평가하기는 어렵다.

한편 2020. 6. 2. 법률 제17338호로 개정된 아동 · 청소년의 성보호에 관한 법률 제11조 제5항은 아동 · 청소년성착취물을 구입하거나 시청한 사람을 처벌하는 규정을 신설하였고, 2020. 5. 19. 법률 제17264호로 개정된 성폭력범죄의 처벌 등에 관한 특례법 제14조 제4항은 카메라 등을 이용하여 성적 욕망 또는 수치심을 유발할 수 있는 사람의 신체를 촬영대상자의 의사에 반하여 촬영한 촬영물 또는 복제물을 소지 · 구입 · 저장 또는 시청한 사람을 처벌하는 규정을 신설하였다. 따라서 아동 · 청소년성착취물 등을 구입한 다음 직접 다운로드받을 수 있는 인터넷 주소를 제공받았다면 위 규정에 따라 처벌되므로 처벌공백의 문제도 더 이상 발생하지 않는다.

이와 관련해 본 대법원 판례의 항소심(서울고등법원 2022노116 판결)에서는 피고인이 음란물을 실력적으로 지배할 의사로 A에게 대가를 지급하고 아무런 장애 없이 위 음란물에 접속할 수 있는 인터넷 주소를 전달받음으로써 언제든지 위 음란물에 접근해 이를 보관·유포·공유하는 등의 행위를 할 수 있는 사실적 상태에 이르렀고, 그로써 피고인은 이 사건 음란물을 소지했다고 보았다.

이에 대해 본 대법원 판결에서는 "① 피고인은 2020. 3. 16. 음란물사이트 '○○○'의 운영자 공소외 1에게 4만 원을 지급하고 이 사건 음란물이 저장되어 있는 인터넷 클라우드 스토리지(구글 드라이브)의 인터넷 주소를 텔레그램 메신저 어플을 통해 전송받았다. ② 피고인은 같은 날 위 인터넷 주소를 통해 구글 드라이브에 접속하여 이 사건 음란물의 파일 개수와 데이터 용량을 확인하였지만, 피고인은 이 사건 음란물을 시청하거나 자신의 저장매체에 다운로드하지는 않았다.

위와 같은 사실을 앞서 본 법리에 비추어 살펴보면, 피고인이 위 인터넷 주소를 통해 이 사건 음란물이 저장된 클라우드 스토리지에 접속했지만 위 음란물을 다운로드하는 등 실제로 지배할 수 있는 상태로 나아가지는 않았고, 달리 특별한 사정이 없는 이 사건에서 피고인의 이러한 행위를 가리켜 아동 · 청소년이용음란물을 '소지'한 것으로 평가할 수는 없다"라고 하면서 원심법원으로 파기환송했다.

주요 판결 3(대법원 2017도21656 판결)

본 판결은 성폭력처벌법 제14조 제1항의 해석에 관한 것으로, 처벌 대상이 '다른 사람의 신체 그 자체'를 카메라 등 기계장치를 이용해서 '직접' 촬영하는 경우에 한정되며, 다른 사람의 신체 이미지가 담긴 영상을 '다른 사람의 신체'에 포함하는 해석은 허용되지 않는다고 했다. 또한 성폭력처벌법 제14조 제2항 및 제3항에서 정한 '촬영물'의 의미(='다른 사람'을 촬영대상자로 하여 그 신체를 촬영한 촬영물)에 자의에 의해 스스로 자신의 신체를 촬영한 촬영물도 포함시키는 해석도 허용되지 않는다고 했다.

이는 앞서 살펴본 대법원 2017도3443 판결과 같은 취지이며, 이 때문에 결국 2018년 법 개정을 통해 복제물(복제물의 복제물도 포함)의 처벌 규정을 추가해 입법적으로 해결했다. 본 사건의 경우 사실관계가 비교적 간단하다. 소개하자면 다음과 같다.

본 사건의 증거물 A인 64편의 동영상은 남성인 피고인이 마치 여성인 것처럼 행세하며 휴대전화 채팅 프로그램을 통해 피해자들과 영상통화를 하면서 피해자들로 하여금 자위행위를 하도록 유도하는 한편 그러한 자위행위 영상통화 영상을 피고인이 계속해서 캡처해 저장한 동영상이며, 다음으로, 증거물 B인 18편의 동영상은 피고인이 인터넷을 통해 내려 받아 소지하고 있던 동영상으로, 총 82편의 동영상은 각 동영상에 출연하는 피해자들이 피고인 또는 성명불상의 사람과 영상통화를 하면서 스스로 촬영한 동영상을 피고인과 성명불상의 사람이 전송받아 이를 저장한 것이었다.

이어서 본 판결의 요지는 다음과 같다.

성폭력범죄의 처벌 등에 관한 특례법(이하 '성폭력처벌법'이라고 한다) 제14조 제1항, 제2항, 제3항에 의하면, 성폭력처벌법 제14조 제1항의 촬영의 대상은 '성적 욕망 또는 수치심을 유발할 수 있는 다른 사람의 신체'라고 보아야 함이 문언상 명백하므로 위 규정의 처벌 대상은 '다른 사람의 신체 그 자체'를 카메라 등 기계장치를 이용해서 '직접' 촬영하는 경우에 한정된다고 보는 것이 타당하므로, 다른 사람의 신체 이미지가 담긴 영상도 위 조항의 '다른 사람의 신체'에 포함된다고 해석하는 것은 법률문언의 통상적인 의미를 벗어나는 것이어서 죄형법정주의 원칙상 허용될 수 없고, 성폭력처벌법 제14조 제2항 및 제3항의 촬영물은 '다른 사람'을 촬영대상자로 하여 그 신체를 촬영한 촬영물을 뜻하는 것임이 문언상 명백하므로, 자의에 의해 스스로 자신의 신체를 촬영한 촬영물까지 위 조항에서 정한 촬영물에 포함시키는 것은 문언의 통상적인 의미를 벗어난 해석이다.

주요 판결 4(대법원 2016도16676 판결)

본 판결은 성폭력처벌법 제14조 제2항의 해석에 관한 것으로, 성폭력처벌법 제14조 제2항에서 정한 '반포'와 '제공'의 의미 및 반포할 의사 없이 특정한 1인 또는 소수의 사람에게 무상으로 교부하는 것은 '제공'에 해당한다고 판단했다. 본 사건도 사실관계가 비교적 간단하다. 소개하자면 다음과 같다.

피고인은 피해자가 A를 다시 만난 것을 알고 화가 나자 A에게 피고인과 피해자의 관계를 분명히 알려 A가 더 이상 피해자를 만나지 못하게 할 의도로 A에게 자신의 휴대전화로 촬영한 피해자와의 성관계 동영상, 나체 사진 등을 촬영물을 전송했고, A는 이 사건 촬영물을 전송받은 후 바로 삭제했다. 본 판결의 요지는 다음과 같다.

> 성폭력범죄의 처벌 등에 관한 특례법 제14조 제2항은 카메라나 그 밖에 이와 유사한 기능을 갖춘 기계장치를 이용하여 성적 욕망 또는 수치심을 유발할 수 있는 다른 사람의 신체를 촬영한 촬영물이 촬영 당시에는 촬영대상자의 의사에 반하지 아니하는 경우에도 사후에 의사에 반하여 촬영물을 반포 · 판매 · 임대 · 제공 또는 공공연하게 전시 · 상영한 사람을 처벌하도록 규정하고 있다. 여기에서 '반포'는 불특정 또는 다수인에게 무상으로 교부하는 것을 말하고, 계속적 · 반복적으로 전달하여 불특정 또는 다수인에게 반포하려는 의사를 가지고 있다면 특정한 1인 또는 소수의 사람에게 교부하는 것도 반포에 해당할 수 있다.
>
> 한편 '반포'와 별도로 열거된 '제공'은 '반포'에 이르지 아니하는 무상 교부 행위를 말하며, '반포'할 의사 없이 특정한 1인 또는 소수의 사람에게 무상으로 교부하는 것은 '제공'에 해당한다.

참고문헌

대법원(2016. 10. 13.). 선고 2016도6172 판결.
춘천지방법원(2016. 4. 20.). 선고 2015노24 판결.
대법원(2023. 6. 29.). 선고 2022도6278 판결.
서울고등법원(2022. 5. 19.). 선고 2022노116 판결.
대법원(2018. 3. 15.) 선고 2017도21656 판결.
대전지방법원(2017. 12. 6.). 선고 2017노1867 판결.
대법원(2016. 12. 27.). 선고 2016도16676 판결.
광주지방법원(2016. 10. 5.). 선고 2016노2044 판결.

06
딥페이크 성범죄 영상물 소지·구입·시청에 관한 처벌 입법

최근 딥페이크 성범죄는 대부분 10대 가해자에 의해 발생했고, 대부분 또래 집단의 놀이 문화였다는 점에서 우리 사회에 큰 충격을 주었다. 이에 2024년 성폭력처벌법의 개정에서는 딥페이크 성범죄 근절을 위해 ① 딥페이크 성범죄 영상물을 시청한 행위도 처벌 대상으로 삼았고, ② 딥페이크 성범죄 영상물 제작자를 처벌할 때 당사자의 의사에 반해 불법 합성물을 제작했다면 반포할 목적과 관계없이 처벌 대상이 되도록 해 제작 행위에 대한 억제력을 강화했다.

AI와 야구?

2024년 성폭력처벌법 개정 경위

앞서 살펴본 2020년 개정 성폭력처벌법에서는 딥페이크 기술로 만들어진 허위 영상물 등이 실제 촬영에 의한 영상물 못지않게 심각한 피해를 초래한다는 인식이 반영되었다. 피해자의 인격권과 사생활 침해를 방지하고자 한 것이었다.

그러나 2020년 법 개정이 있었음에도 인공지능 기술의 발달과 더불어 코로나19로 인한 비대면 사회로의 전환이 생활 양상을 변화시키면서, 텔레그램 등 SNS를 통한 딥페이크 성범죄의 심각성이 더욱 커지기 시작했다. 이에 기존의 처벌 대상 행위인 허위 영상물의 제작, 편집, 합성, 가공, 반포 등에 추가해 허위 영상물의 소지, 구입, 저장, 시청 행위에 대해서도 처벌의 필요성이 논의되기 시작했다.

그 결과 딥페이크 성범죄의 확산을 막고 잠재적 피해자를 보호하기 위해, 소지 및 시청 등의 단계부터 형사처벌의 대상에 포함시키는 2024년 성폭력처벌법 일부 개정이 이루어졌다.

2024년 개정 성폭력처벌법 내용

2024년 개정 성폭력처벌법은 앞서 언급한 인공지능 기술을 이용한 딥페이크 성범죄에 대한 사회적 경각심이 높지 않을 뿐만 아니라, 피해자 보호도 충분하지 않다는 문제 상황을 해소하기 위한 목적으로 이루어졌다. 허위 영상물이지만 피해의 심각성을 고려해 불법촬영죄의 반포 등과 같게 법정형을 7년으로 상향했고, 소지 및 시청 등의 행위도 새로이 처벌 대상에 포함시켰다.

2024년 성폭력처벌법 일부 개정 이유에서도, "허위 영상물의 편집 · 반포 등의 법정형을 불법촬영물의 반포 등의 법정형과 같도록 상향하고, 허위 영상물 등을 소지 · 구입 · 저장 또는 시청한 자는 3년 이하의 징역 또는 3천만 원 이하의 벌금에 처하도록 처벌 규정을 신설하며, 편집물 등을 이용해 사람을 협박한 자에 대해서도 1년 이상의 유기징역에 처하도록 처벌 규정을 마련함"이라고 구체적으로 개정 이유를 밝히고 있다.

그리고 이러한 개정 이유에 근거해 2024년 10월 16일에 개정된 성폭력처벌법 제14조의2는 표 6-1과 같다. 이해를 돕기 위해 신구대조표 형식으로 검토하며 개정된 부분은 밑줄로 구분했다.

2024년 개정 성폭력처벌법의 의의와 과제

2024년 성폭력처벌법 개정은 딥페이크 성범죄의 특징을

표 6-1. 성폭력처벌법 제14조의2 신구대조

구분	법 조문
2020.3 개정법	제14조의2(허위영상물 등의 반포등) ① 반포등을 할 목적으로 사람의 얼굴·신체 또는 음성을 대상으로 한 촬영물·영상물 또는 음성물(이하 이 조에서 "영상물등"이라 한다)을 영상물등의 대상자의 의사에 반하여 성적 욕망 또는 수치심을 유발할 수 있는 형태로 편집·합성 또는 가공(이하 이 조에서 "편집등"이라 한다)한 자는 5년 이하의 징역 또는 5천만원 이하의 벌금에 처한다. ② 제1항에 따른 편집물·합성물·가공물(이하 이 항에서 "편집물등"이라 한다) 또는 복제물(복제물의 복제물을 포함한다. 이하 이 항에서 같다)을 반포등을 한 자 또는 제1항의 편집등을 할 당시에는 영상물등의 대상자의 의사에 반하지 아니한 경우에도 사후에 그 편집물등 또는 복제물을 영상물등의 대상자의 의사에 반하여 반포등을 한 자는 5년 이하의 징역 또는 5천만원 이하의 벌금에 처한다. ③ 영리를 목적으로 영상물등의 대상자의 의사에 반하여 정보통신망을 이용하여 제2항의 죄를 범한 자는 7년 이하의 징역에 처한다.
2020.5 개정법	제14조의2(허위영상물 등의 반포등) ① 반포등을 할 목적으로 사람의 얼굴·신체 또는 음성을 대상으로 한 촬영물·영상물 또는 음성물(이하 이 조에서 "영상물등"이라 한다)을 영상물등의 대상자의 의사에 반하여 성적 욕망 또는 수치심을 유발할 수 있는 형태로 편집·합성 또는 가공(이하 이 조에서 "편집등"이라 한다)한 자는 5년 이하의 징역 또는 5천만원 이하의 벌금에 처한다. ② 제1항에 따른 편집물·합성물·가공물(이하 이 항에서 "편집물등"이라 한다) 또는 복제물(복제물의 복제물을 포함한다. 이하 이 항에서 같다)을 반포등을 한 자 또는 제1항의 편집등을 할 당시에는 영상물등의 대상자의 의사에 반하지 아니한 경우에도 사후에 그 편집물등 또는 복제물을 영상물등의 대상자의 의사에 반하여 반포등을 한 자는 5년 이하의 징역 또는 5천만원 이하의 벌금에 처한다.

<table>
<tr><td></td><td>③ 영리를 목적으로 영상물등의 대상자의 의사에 반하여 정보통신망을 이용하여 제2항의 죄를 범한 자는 7년 이하의 징역에 처한다.
④ 상습으로 제1항부터 제3항까지의 죄를 범한 때에는 그 죄에 정한 형의 2분의 1까지 가중한다.</td></tr>
<tr><td>2024.10
개정법</td><td>제14조의2(허위영상물 등의 반포등) ① 사람의 얼굴·신체 또는 음성을 대상으로 한 촬영물·영상물 또는 음성물(이하 이 조에서 "영상물등"이라 한다)을 영상물등의 대상자의 의사에 반하여 성적 욕망 또는 수치심을 유발할 수 있는 형태로 편집·합성 또는 가공(이하 이 조에서 "편집등"이라 한다)한 자는 7년 이하의 징역 또는 5천만원 이하의 벌금에 처한다.
② 제1항에 따른 편집물·합성물·가공물(이하 이 조에서 "편집물등"이라 한다) 또는 복제물(복제물의 복제물을 포함한다. 이하 이 조에서 같다)을 반포등을 한 자 또는 제1항의 편집등을 할 당시에는 영상물등의 대상자의 의사에 반하지 아니한 경우에도 사후에 그 편집물등 또는 복제물을 영상물등의 대상자의 의사에 반하여 반포등을 한 자는 7년 이하의 징역 또는 5천만원 이하의 벌금에 처한다.
③ 영리를 목적으로 영상물등의 대상자의 의사에 반하여 정보통신망을 이용하여 제2항의 죄를 범한 자는 3년 이상의 유기징역에 처한다.
④ 제1항 또는 제2항의 편집물등 또는 복제물을 소지·구입·저장 또는 시청한 자는 3년 이하의 징역 또는 3천만원 이하의 벌금에 처한다.
⑤ 상습으로 제1항부터 제3항까지의 죄를 범한 때에는 그 죄에 정한 형의 2분의 1까지 가중한다.</td></tr>
</table>

크게 고려한 것으로 의미가 크다. 딥페이크 성범죄의 특징으로는 ① 인공지능 기술을 이용해 제작하기 때문에 손쉽게 제작할 수 있으면서도 매우 정교하게 만들 수 있다는 점, ② SNS 등에 주로 공개된 사진과 영상을 이용해

제작하기 때문에 피해자가 자신의 피해를 빠르게 알아차리기 어렵다는 점, ③ 주로 인터넷과 SNS의 익명성을 이용해 유포하기 때문에 단속 및 검거가 신속하게 이루어지지 못한다는 점, ④ 허위 영상물이 디지털 데이터라는 점에서 인터넷의 공연성과 전파성의 영향을 받아 유포 및 재유포 될 가능성이 크다는 점, ⑤ 인터넷과 SNS에 유포된 허위 영상물은 사전 필터링과 완전 삭제가 거의 불가능해 피해 회복이 어렵다는 점 등이 있다.

이처럼 딥페이크 성범죄는 디지털 성범죄의 특징을 지니면서도 인공지능 기술을 활용하기 때문에 허위 영상물임에도 실제 촬영한 불법촬영물과 같은 피해를 초래할 수 있다. 공개된 사진이나 영상을 이용하기 때문에 피해자가 전혀 알아차리지 못해 삭제 조치의 골든타임을 놓치기 쉽다는 고유한 특징도 존재한다.

2024년 개정 성폭력처벌법은 이러한 딥페이크 성범죄만의 특징을 고려해 불법촬영 및 유포죄(성폭력처벌법 제14조)와 같은 법정형으로 상향했다. 2020년 성폭력처벌법 개정에서는 허위 영상물 제작 시 '반포할 목적'으로 제작해야만 처벌 대상이 되었기에 수사기관이 '반포할 목적'을 입증하기가 매우 어려웠다. 이러한 실무상의 문제를 해소하기 위해 2024년 성폭력처벌법 개정에서는 '반포할 목적'을 삭제하고 당사자의 의사에 반해 허위 영상물을 제작하면 목적과 관계없이 처벌할 수 있게 되었다. 마지막으로 허위 영상물이라는 이유로 소지 및 시청 행위 등에 대한 죄책감이 낮다는 문제와 피해 확산을 조기에 차단하기 위해 소지 · 구입 · 저장 또는 시청 행위도 처벌 대상에 포함시켰다.

다만, 이러한 2024년 성폭력처벌법 개정에도 불구하고 딥페이크 성범죄 규제가 충분하게 갖추어졌다고 보기에는 부족한 부분이 있다. 성폭력처벌법은 형법의 특별법이기 때문에 일반법인 형법이 준용될 수 있으나, 현재 성폭력처벌법은 행위자만을 처벌 대상으로 하기 때문에, 의뢰자도 행위자로 보아 정범으로서 취급할 것인지 아니면 교사범으로 취급할 것인지를 명확하게 규정할 필요가 있다. 형법총칙상 공범 규정의 적용 과정에서 교사미수의 인정 범위가 문제될 수 있다. 또한 피교사자가 실행의 착수에 나아가지 않은 경우에 효과 없는 교사 내지 실패한 교사에 해당하게 된다. 전자는 교사범과 피교사자를 예비 · 음모에 준해 처벌하고, 후자는 교사범만을 예비 · 음모에 준해 처벌하도록 규정하고 있다(형법 제31조 제2항 및 제3항). 성폭력처벌법상 디지털 성범죄에 대한 미수범 처벌 규정은 있으나(제15조) 예비 ·

음모죄 처벌 규정은 없어서 문제가 될 수 있기 때문이다.

또한 성폭력처벌법은 형사처벌 규제 중심으로 구성되어 있기 때문에 어디까지나 간접적인 피해자 보호 조치로서 한계가 있다. 물론 2024년 10월에 성폭력처벌법, 청소년성보호법과 더불어 성폭력방지 및 피해자 보호 등에 관한 법률(이하 성폭력방지법)이 같이 개정되면서, 피해자 보호 조치가 강화된 점은 주목할 만하다. 특히 성폭력방지법 제3조(국가 등의 책무)에서 불법촬영물 등의 삭제 지원 및 피해자에 대한 일상 회복 지원 항목을 신설 추가해 삭제와 일상 회복 지원이 국가 및 지방자치단체의 책무임을 명시했다. 이를 통해 지방자치단체도 적극적으로 삭제 지원에 나서게 되었고, 삭제 지원 대상에는 촬영물은 물론 신상 정보도 포함되었다. 또한 가해자에 대한 구상권 행사에 필요한 개인 정보를 관계 행정기관장에게 요청할 수 있도록 하는 내용도 포함시켜 실질적 피해 회복을 담보할 수 있게 했다(성폭력방지법 제7조의3).

한편 이번 법 개정에서 피해자의 신고에 의한 인터넷 서비스 제공자의 삭제 의무가 포함되지 못한 부분은 향후의 과제로 남게 되었다. 현행 제도상 불법촬영물 및 허위 영상물 등의 성범죄 영상물 삭제를 신청하려면 방송통신심의위원회에 삭제 조치에 나설 것을 요청해야 한다. 이 때문에 피해 신고로부터 경찰이 신속히 대응할 수 있도록 경찰에게도 직접 삭제 및 차단 요청을 할 수 있는 권한(예를 들어 증거 보전명령제도)을 부여해야 한다는 논의가 있었다. 이 또한 향후 중요한 쟁점이 될 것이다.

참고문헌

김경애(2024.9.2.). "딥페이크, 아이돌그룹 트와이스도 당했다! 블랙마켓에서 의뢰 받고 제작". 보안뉴스. https://m.boannews.com/html/detail.html?idx=132453

대한민국 정책브리핑(2021.7.6.). "디지털 성범죄". 대한민국 정책브리핑. https://www.korea.kr/special/policyCurationView.do?newsId=148853543

이선욱(2024.9.27.). "'딥페이크 성범죄 방지법' 국회 통과…앞으로 달라지는 것들은?". BBC News 코리아. https://www.bbc.com/korean/articles/c3vk59q96z5o

탁지영(2024.9.24.). "국회 여가위 통과한 '딥페이크 처벌 강화법' 남은 과제는?". 경향신문. https://www.khan.co.kr/politics/assembly/article/202409241026001

07
가짜 뉴스, 사이버명예훼손죄 등

인공지능 기술의 발전에 힘입어 진짜 같은 합성사진이나 가짜 뉴스를 넘어 이제 딥페이크 영상이 새로운 사회문제로 떠오르고 있다. 특히 미국은 2018년 중간선거 전부터 딥페이크의 정치적 영향에 대해 주의하고 있으며, 이는 허위 정보가 선거 및 정치에 미치는 영향을 막기 위해 노력하고 있는 유럽도 마찬가지다. 아직 우리는 딥페이크 가짜 뉴스에 관해 크게 주목하지 않고 있지만, 대응 방안을 고민해야 할 시점이다.

AI와 윤동주?

가짜 뉴스 문제의 심각성

2024년 4월, 한국에서는 제22대 국회의원 선거가 있었고, 미국에서는 11월 제47대 대통령을 선출하는 선거는 물론 미국 상원 · 하원 · 주지사 선거도 동시에 진행되었다. 그야말로 '선거의 해'라고 볼 수 있다. 그렇기에 최근 누구나 손쉽게 인공지능을 이용해 인터넷 및 SNS에 가짜 뉴스를 대량 생산 및 유포하고 있다는 점이 큰 문제가 되었다.

이 문제는 인공지능 등 첨단 기술을 이용해 생성한 그럴듯한 거짓이 진실보다 '진실처럼' 통하는 시대가 되었다는 점에서 심각하다. 이러한 '탈진실 현상'은 공적 논의에서 필수적인 '사실'을 무력하게 만들고 민주주의 사회질서를 뿌리째 흔들고 있다. 우리 사회는 현재 IT 기술의 발달로 다양한 대중매체가 만들어져 과거의 정보 불평등은 해소되었지만, 이제는 오히려 과잉 정보가 문제가 되고 있으며, 이 때문에 정보의 가치가 하락하는 새로운 문제에 직면하게 되었다.

AI를 활용하면 전문적 지식이나 기술이 없어도 진실 같은 '허위 정보'를 만들어 낼 수 있고, 이는 단지 개인의 명예가 침해되는 전형적인 피해 양상과 달리 진위를 구분하기 어려우며 순식간에 퍼지는 탓에 그 침해 범위가 개인을 넘어 사회, 국가에 이르기 때문에 문제의 심각성이 크다.

가짜 뉴스의 현황

2016년, 옥스퍼드 사전은 '탈진실(post truth)'을 올해의 단어로 선정했다. 브렉시트와 미 대선을 거치면서 전 세계에서 '가짜 뉴스'의 문제가 크게 주목받았다. 옥스퍼드 사전에 따르면 '탈진실'은 "감정이나 개인적 믿음이 공공 여론을 형성하는 데 객관적 사실보다 더 영향을 발휘하게 되는 상황"을 뜻한다. 미국에서는 2017년 방송에 출연한 어느 정치가가 가짜 뉴스에 대해 '대안적 사실(alternative facts)'라는 용어를 사용하면서 교묘하게 거짓을 포장했다는 비난을 받았다. 또한 2019년 코난 오브라이언의 토크쇼에서는 미국 코미디언 빌 헤이더가 나와 배우 아널드 슈워제네거의 성대모사를 했는데, 슈워제네거의 목소리를 흉내 내는 동안 헤이더의 얼굴이 슈워제네거의 얼굴처럼 보이는 동영상이 유튜브에 게시되었다. 2024년까지 2,200만 번 이상 조회된 이 영상은 당연히 진짜가 아니라 조작된 딥페이크 영상이다. 미국 NBC 뉴스에서는 유튜브에 게시된 딥페이크 영상 중에서도 가장 많은 조회 수를 기록한 이 영상을 소개하면서 사람들에게 딥페이크 기술로 무엇까지 가능한지를 알리고 무언가를 믿기 전에 신중히 생각해야 함을 경고했다.

가짜 뉴스가 정치적으로 영향력을 크게 발휘하기 전에는 여러 웹사이트에서 '풍자'를 위한 가짜 뉴스를 생성하고 퍼뜨렸다. 그러나 방문자에 의해 수입이 늘면서 사람들은 점점 '풍자'가 아닌 사실과 다른 거짓을 만들어 내기 시작했고, 이는 다시 정치가나 선동가들에 의해 사용되어 악순환이 벌어졌다. 특히 도널드 트럼프 같은 정치인은 자신을 지지하지 않는 뉴스 미디어를 가짜 뉴스라고 공격하는 한편, 지지자들에게 오히려 더욱 가짜 뉴스를 믿게 만들도록 함으로써 스스로 가짜 뉴스의 확산에 더 개입하고 있다. 해외에서는 페이스북이나 엑스(X), 유튜브를 통해 가짜 뉴스가 확대되고 있는데, 국내에서는 카카오톡이나 텔레그램과 같은 메시징 서비스를 통해서도 가짜 뉴스가 많이 전파되고 있다. 이 점에서 단속의 어려움이 생긴다. 더구나 인공지능 기술의 발전으로 가짜 뉴스 제작이 더욱 쉬워지고 있어 문제다.

이처럼 가짜 뉴스에 딥페이크 기술을 이용한 영상물이 많이 사용되면서 이를 어떻게 규제할 것인지에 대한 논의가 많다. 최근 언론중재 및 피해구제 등에 관한 법률(이하 언론중재법)의 개정 논의도 이와 같은 논의 선상에 있다. 가짜 뉴스를 어떻게 구분할 것인지 명확하지 않고 자칫 표현의 자유를 침해할 가능성도 크기에 가짜 뉴스의 폐해에도 불구하고 국민 여론을 형성하는 언론에 대해서는 형사처벌과 같은 규제를 신중하게 검토할 필요가 있다. 예를 들어 우리 국회에서도 약 20여 건의 허위 정보 유포 규제에 대한 법안을 제출했지만, 여러 해외 국가와 마찬가지로 표현의 자유 보장의 헌법적 가치와 가짜 뉴스 범위 확정의 곤란함으로 딥페이크 영상물 등에 대한 적극적인 대응을 삼가고 있다. 그렇기에 최근 주요 언론사에서는 사실 확인(fact check)을 중요 가치로 내세우고 있다. 이른바 과잉 정보 시대에 언론 검증 시스템을 어떻게 신속화, 정밀화할 것인지가 문제다.

가짜 뉴스의 원인

가짜 뉴스 확산의 원인은 여러 가지지만 주요 원인은 다음과 같다. 우선 소셜미디어의 발달이다. SNS의 발달로 1인 미디어화가 빠르게 진행되면서 누구나 쉽게 콘텐츠를 제작하고 유포할 수 있게 되었다. 특히 SNS의 빠른 정보 공유 기능과 기존 언론에 대한 불만이 가짜 뉴스 확산의 주요 원인 중 하나로 작용하고 있으며, 이는 다시 언론 신뢰도 하락으로 이어지는 악순환을 만들어 내고 있다.

다음으로 과잉 정보 시대에 확산하는 정치적 양극화는 사람들이 자신의 기존 신념과 일치하는 정보를 선택적으로 받아들이게 하고 반대되는 정보는 무시하는 경향(확증 편향)과 맞물려 가짜 뉴스의 영향력을 극대화하는 문제를 낳는다. 이 때문에 가짜 뉴스는 사실 여부와 관계없이 퍼지게 된다.

세 번째로 가짜 뉴스는 주로 SNS 등의 정보 공유 기능에 기반하는데, SNS 등의 알고리즘은 사용자 참여도를 높이기 위해 부정적 감정을 자극하는 콘텐츠를 우선 노출하는 경향이 있고, 이처럼 종종 선정적이고 자극적인 내용에 노출된 사람들이 정보를 더 쉽게 공유하게 만든다.

네 번째로 사람들이 흔히 자신은 가짜 뉴스를 잘 가려낼 수 있다고 생각하지만, 실제로는 그렇지 않은 경우가 많다. 딥페이크 기술의 발전으로 진위(眞僞)의 식별이 더욱 어려워져 팩트 체크에 더 많은 역량이 필요해지고 있다.

다섯 번째로 SNS의 영향력 확대는 소셜미디어가 뉴스 유통 플랫폼의 역할을 할 정도로 성장하게 했고 이는 기존 언론의 영향력을 잠식하는 문제로 나타나고 있다. 특히 뉴스 콘텐츠의 확산은 그 내용보다도 플랫폼 지배력에 사람들이 더 큰 영향을 받는다는 점이 중요하다. 미국에서 시작된 가짜 뉴스 논란은 '검증 과정이 배제된 소셜미디어 플랫폼의 지배력'이 사회에 얼마나 큰 폐해를 가져올 수 있는지를 실제로 확인할 수 있었다는 점에서 심각하다. 이러한 소셜미디어 플랫폼의 지배력은 큰 수익으로 이어져 페이스북이나 구글의 유튜브가 가짜 뉴스 제작자와 공생하는 상황을 만들고 있다. 간단하게 정리했지만, 이러한 주요 원인이 복합적으로 작용해 가짜 뉴스의 확산을 촉진하고 있다고 볼 수 있다.

가짜 뉴스의 대응 방안

구글(유튜브), 메타(페이스북 · 인스타그램), 바이트댄스(틱톡) 등은 명백한 가짜 뉴스나 마약이나 폭력, 성매매 등 불법 콘텐츠에 대해 모니터링을 하고, 계정 정지나 수익화 금지 등의 조치를 하고 있다. 그러나 이들 소셜미디어 플랫폼에서는 여전히 불법 행위를 교묘하게 피해가는 유해 콘텐츠(가짜 뉴스)가 공유되고 있으며, 근절되지 않았다.

결국 이러한 '수익형 불법 콘텐츠 · 가짜 뉴스 시장'이 유지되는 것은 이를 규제 · 처벌할 방법이 사실상 없기 때문이다. 구글이나 메타 등 글로벌 소셜미디어 플랫폼은 법원의 판결이 나오지 않는 이상 '표현의 자유'를 이유로 가짜 뉴스 등에 대해 실질적인 조치를 취하지 않는다. 이처럼 플랫폼 사업자에 대한 처벌의 필요성이 크지만, 가짜 뉴스 여부가 명확하지 않은 콘텐츠에 대해 국가가 나서서 무엇이 진짜이고 가짜인지를 결정하고, 이를 기준으로 표현의 범위를 결정하는 것은 바로 헌법이 경계하고자 하는 '검열'이라는 점에서 우려를 나타내는 견해도 적잖다.

따라서 사전 조치로서 '표현의 자유'를 위축시키지 않으면서도 허위 조작 정보의 유통을 규제하기 위해서는 정보 유통으로 이익을 얻는 소셜미디어 플랫폼 사업자의 책임(삭제 의무 등)을 강화하는 방안이 우선 고려되어야 할 것이다. 그리고 이는 무엇보다도 피해자 및 제3자의 신고에 기반하기 때문에 소셜미디어 플랫폼 사업자에게 신속하고 투명한 절차로 대응하도록 의무를 부여할 필요가 있다. 더불어 피해자 및 신고자(제3자)의 매체 이해력을 높이기 위한 미디어 리터러시(media literacy) 교육과 팩트 체크 시스템 강화 등 다각도의 접근이 필요하다.

참고문헌

고미혜(2019.6.13.). "'네가 본 영상을 믿지 마라'…가짜뉴스 이어

'딥페이크' 비상". 연합뉴스.
https://www.yna.co.kr/view/AKR20190613121600009
김유향(2019). "딥페이크(Deepfake)의 발전과 해외 법제도 대응". ≪이슈와 논점≫, 제1619호, 1~5.
마리아나 스프링(2024.3.6.). "AI가 생성한 '가짜 이미지'로 흑인 유권자 공략하는 트럼프 지지자들". BBC News 코리아.
https://www.bbc.com/korean/articles/c29wl2kp7nyo
박성동(2024.4.30.). "AI 허위정보 규제, 처벌보다 플랫폼 책임 강화로". 한국기자협회.
http://m.journalist.or.kr/m/m_article.html?no=55741
박수진(2024.3.31.). "'이젠 상관없어' 심각한 미국… AI 대 AI 전쟁 벌어진다". SBS 뉴스.
https://www.youtube.com/watch?v=QO0EbTnF8WE
변희원·윤진호(2024.9.26.). "돈만 벌면 된다는 플랫폼…가짜 뉴스·유해 콘텐츠 수익 절반 챙겨". 조선일보.
https://www.chosun.com/economy/tech_it/2024/09/03/MFDGCI4L6ZARLBKXT5X2BR76NU/
오세욱·박아란(2020). "허위정보로서 딥페이크, 어떻게 대처할 것인가". ≪미디어 정책리포트≫, 2020년 1호, 1~14.
최홍규(2017). "가짜 뉴스 관련 논점과 페이스북·구글의 대응 방안". ≪한국인터넷진흥원 Power Review≫, 2호, 8~16.
한귀영(2023.6.12.). "불타는 펜타곤, 수갑 찬 트럼프…AI '가짜 뉴스' 민주주의 흔들어". 한겨레.
https://www.hani.co.kr/arti/science/future/1095476.html
한상기(2017). "가짜뉴스의 현황과 원인, 그리고 대응 방안". ≪한국인터넷진흥원 Power Review≫, 2호, 3~7.

08
인공지능 기술을 이용한 범죄 예방

인공지능 관련 기술의 빠른 발전에는 많은 장점이 있다. 딥러닝 기술은 많은 데이터를 짧은 시간 내에 학습해 이를 분석하기 때문에, 자료가 정확하고 많다면 매우 적중률 높은 예측을 할 수 있다. 이를 통해 과거 범죄 데이터, 사회 상황, 기후, 주변 환경 등 다양한 요인을 분석해 범죄 발생 가능성이 큰 시간과 장소를 예측할 수 있다. 인공지능 기술은 객관적이고 공정한 판단을 지원하므로 경찰력을 효율적으로 배치함으로써 선제적으로 범죄를 예방하거나 범죄 증거 확보에 큰 효율을 가져온다.

AI와 한의학?

범죄 예방을 위한 인공지능 기술

우리는 점차 인공지능을 모르고는 살 수 없는 시대에 접어들고 있다. 이에 따라 많은 사람이 AI를 공부하고 활용하려 한다. 이처럼 AI가 초래한 사회 변화에는 새로운 기회와 도전이 존재한다. 인공지능 기술의 발전은 막을 수 없는 흐름이지만 개인정보 침해, 딥페이크 가짜 뉴스 확산이나 딥페이크 성범죄 영상물과 같이 인공지능을 악용하려는 시도 또한 계속될 것이다. 따라서 인공지능 기술의 긍정적인 측면을 활용하면서도, 부작용을 최소화하기 위한 노력이 필요하다.

최근 인공지능 기술을 이용한 범죄 대응을 살펴보면, 딥러닝 기반 영상 분석 기술, 자연어 처리 및 음성 인식 기반 범죄 분석 기술, 블록체인 기술, 비가시성 워터마크 기술 등이 활용되고 있다.

딥러닝 기반 영상(음성) 분석 기술은 폐쇄회로(CCTV) 영상이나 딥페이크 영상물 등을 분석해 범죄 용의자 식별, 범죄 패턴 분석, 딥페이크 영상물 판별 등에 활용되며, 얼굴 인식, 행동 인식 기술 등이 고도화되면서 범죄 예측 및 예방에도 기여하고 있다.

자연어 처리 및 음성 인식 기반 범죄 분석 기술은 범죄 관련 텍스트 데이터(인터넷 검색어, 신고 내용, 수사 기록 등)를 분석해 범죄 유형을 분류하고 용의자 프로파일링을 하는 데 활용되고 있고, 녹음 파일 등 음성 데이터 분석을 통해 범죄 관련 정보를 추출하고, 음성 변조를 탐지하는 데에 활용되고 있다.

블록체인 기술은 형사 사법 절차 전자화 등 각종 연결 체계를 구축하는 데 필요한 전자 보안 분야의 핵심 기술이며, 전자문서 작성 및 유통의 안정성 확보, 디지털 증거의 위·변조 방지, 투명한 증거 관리 시스템 구축 등에 활용된다.

비가시성 워터마크 기술은 일반 사용자 눈에는 보이지 않는 워터마크를 적용하는 기술이다. 워터마킹이란 원래 종이를 만들 때 빛을 비추거나 특정 각도로 볼 때만 나타나는 숨은 그림을 삽입해 문서의 위·변조를 막을 수 있게 하는 기술이며, 비가시성 워터마크는 사용자가 이미지를 일부 편집하더라도 제거되거나 훼손되지 않기 때문에 딥페이크 성범죄 영상물의 출처를 추적할 수 있게 한다.

플랫폼 빅테크의 딥페이크 콘텐츠 식별 및 추적 기술 개발 대응

네이버는 생성형 AI 콘텐츠 공동 대응을 위해 '글로벌 기술 표준(C2PA)'을 채택했다. C2PA란 콘텐츠 출처 및 진위를 확인하기 위한 연합체이자 기술이다. 기술 표준은 암호화 기법을 이용해 콘텐츠 출처 등 세부 정보를 콘텐츠에 기록하게 하는 오픈소스 인터넷 프로토콜이다. C2PA 프로토콜을 채택하면 사진에 출처 데이터가 표시된다. 네이버는 자체 탐지 기술 고도화에도 박차를 가해 비가시성 워터마크 삽입 기술 최적화 등 기술 표준 연구를 공동으로 진행할 계획이다.

카카오도 생성형 AI 이미지에 대한 식별 기능을 강화했다. 카카오톡 채널인 '칼로 AI 프로필' 기능에 비가시성 워터마크를 먼저 도입했고, 이미지 생성 웹 기반 전문가 툴인 'Karlo.ai'에도 도입할 예정이다. 카카오는 이미지 생성 애플리케이션인 '비 디스커버(B^ DISCOVER)'에 가시성 워터마크를 이미 도입한 바 있고 앞으로도 딥페이크 성범죄 영상물을 비롯한 허위 조작 정보가 유통되지 않도록 조치할 예정이라고 한다.

글로벌 빅테크인 구글 딥마인드는 AI로 생성된 이미지를 워터마킹하고 판별할 수 있는 툴 'SynthID'를 2023년에 발표했고, 2024년에는 워터마킹 도구를 오픈소스로 정식 공개했다. 이를 통해 가짜 가능성이 있는 이미지를 정밀하게 식별해 100퍼센트 진짜 이미지를 가려낼 수 있게 될 것이라고 한다. 구글은 자사의 생성형 AI뿐 아니라 다른 생성형 AI가 만든 이미지도 식별할 수 있게끔 발전시킬 예정이다.

유튜브도 AI 도구 사용 등을 통해 변형됐거나 합성된 콘텐츠를 제작한 크리에이터에게 사실을 공개하도록 요청할 예정이다. 이와 함께 콘텐츠 일부가 변형 또는 합성되었음을 알리는 새로운 라벨을 콘텐츠의 설명 패널에 추가할 계획이다. 일부 합성 콘텐츠는 라벨의 여부와 관계없이 커뮤니티 가이드를 위반하면 플랫폼에서 삭제한다고 한다. 또한 콘텐츠 변형 및 합성 여부를 지속해서 공개하지 않는 경우 콘텐츠 삭제, 유튜브 파트너 프로그램(YPP) 정지 등과 같은 불이익 처분 조치를 취하겠다고 밝혔다.

틱톡도 네이버와 마찬가지로 생성형 AI 콘텐츠 공동 대응을 위해 '글로벌 기술 표준(C2PA)'을 채택했다. 이를 통해 생성형 AI로 만들어진 콘텐츠에 라벨을 부착하며, 틱톡에서 콘텐츠를 내려 받는다고 하더라도 라벨이 따라 붙게 된다. 이 기능은 현재 이미지 · 영상 콘텐츠에 적용되었으며 오디오 전용 콘텐츠까지 확대된다고 한다.

이처럼 플랫폼 빅테크들은 딥페이크 등 생성형 AI로 만든 콘텐츠를 식별하는 기술 개발에 적극적이다. 이는 서비스 신뢰도를 높이려는 방안이자, 딥페이크 성범죄 영상물이나 가짜 뉴스 등 불법 콘텐츠 생산에 대한 심리적 장벽을 높이면서, 유통 단계에서 불법 콘텐츠를 인지하지 못한 채 공유하지 않도록 하기 위함이다.

다만 이러한 기술도 결국 일반 사용자가 이러한 식별 기술을 정확히 이해하고 활용할 수 있어야 그 효과가 극대화될 수 있다는 점에서, 식별 기술의 활용 방법이나 식별 기술의 우수성에 대한 홍보와 교육이 폭넓게 이루어져야 할 것이다.

참고문헌

배상균(2021), "딥페이크(Deepfake) 영상물에 관한 법적 대응조치 검토". ≪4차산업혁명 법과 정책≫, 제3호, 183~210.

뉴시스(2023.11.15.). "유튜브 영상, 생성형 AI 사용 여부 공개 의무화한다". 뉴시스. https://www.newsis.com/view/NISX20231115_0002522237

박수빈(2024.7.22.). "ETRI, 실시간 CCTV와 통계로 범죄 예측하는 AI 개발…내년말 상용화 예상". AI타임스. https://www.aitimes.com/news/articleView.html?idxno=161811

박찬(2023.8.31.). "구글, AI 생성 이미지에 '투명 워터마크' 삽입하는 기술 공개". AI타임스. https://www.aitimes.com/news/articleView.html?idxno=1

53282
윤주영(2024.5.10.). "틱톡, AI가 만든 콘텐츠 가려내는 '라벨' 부착 도입…'이용자 보호'". 뉴스1.
https://www.news1.kr/it-science/internet-platform/5411935
최현석(2024.7.15.). "네이버, AI 워터마크 기술표준 구축 'C2PA' 초가입". 연합뉴스.
https://www.yna.co.kr/view/AKR20240714000200017
홍국기(2024.3.13.). "카카오, AI 이미지 생성 모델에 비가시성 워터마크 도입". 연합뉴스.
https://www.yna.co.kr/view/AKR20240313047500017

09
피해자 보호

디지털 성범죄에는 시공간의 제약이 없기에 유포가 되지 않았어도 피해자는 유포 불안에 시달리며, 유포되었다면 피해자는 24시간 내내 고통에 시달릴 수밖에 없다. 또한 전파 속도가 워낙 빨라 디지털 성범죄 영상물이 한번 유포되기 시작하면 걷잡을 수 없다. 필터링 시스템의 한계로 어디까지 유포됐는지 파악조차 어렵고, 온라인에 영원히 남을 가능성도 적지 않다. 결국 피해 최소화를 위해서는 신속한 삭제 조치와 인터넷 사업자의 사후 조치 의무를 명확히 해, 피해 신고에 대한 신속한 대응을 확립할 필요가 있다.

AI와 화장품?

성폭력방지법에 의한 피해자 보호

디지털 성범죄 피해자에 대한 보호와 지원은 기본적으로 성폭력방지법을 중심으로 이루어진다. 물론 개별법에서도 각종 피해자 지원 조치가 규정되어 있으나, 성폭력방지법에서는 동법 제7조의3(불법영상물 등으로 인한 피해자에 대한 지원 등)에 근거해 여성가족부 산하 단체인 한국여성인권진흥원의 디지털성범죄피해자지원센터를 중심으로 피해자 상담, 피해 영상물 삭제 지원, 수사 · 법률 · 의료 지원 연계 등이 종합적으로 이루어지고 있다.

디지털성범죄피해자지원센터의 주요 기능을 살펴보면, ① 디지털 성범죄의 특성을 반영한 전문적인 피해 지원으로서 디지털 성범죄 피해 상담 및 수사 · 법률 · 의료 지원 연계, 피해 영상물 유포 게시물 삭제 지원 및 유포 현황 모니터링, 아동 · 청소년 성착취물 등 선제적 삭제 지원 등이 있다.

또한 ② 디지털 성범죄에 대응하기 위한 협력 체계를 운영하며, 구체적으로는 플랫폼 사업자 전용 삭제 요청 창구 운영, 수사기관 유해 사이트 폐쇄 및 유포 가해자 검거를 위한 수사 의뢰, 방송통신심의위원회 유포 게시물 차단을 위한 심의 요청, 국회 지원 기관 불응 사이트

표 9-1. 디지털 성범죄 피해자 보호·지원 제도

출처: 한국여성인권진흥원 디지털성범죄피해자지원센터

구분	지원 내용	관계부처
수사	1. 경찰 방문 신고 및 온라인 신고 지원 2. 동성 수사관에게 조사를 받을 수 있고, 개인정보 보호를 위해 가명으로 사건서류를 작성 3. 가족·상담원 등 피해자와 신뢰 관계에 있는 사람이 조사과정에 참여할 수 있으며, 피해 진술 반복을 최소화하기 위하여 진술 녹화 지원 4. 국선변호사 선임 안내	경찰청
삭제 지원	1. 디지털성범죄피해자지원센터에서 상담 및 삭제지원, 재유포 방지를 위한 24시간 모니터링 실시, 법률·의료·수사 지원 연계도 함께 실시 2. 방송통신심의위원회에서 피해영상물 심의 후 접속 차단 또는 정보통신사업자에게 삭제 등 시정 조치	여성가족부, 방송통신심의위원회
심리 지원	1. 경찰관서별 '피해자 전담 요원'을 지정, 다각적인 보호·지원 2. 가해자 보복 우려 시 신변 보호 조치 3. 해바라기센터, 여성긴급전화, 성폭력상담소 등에서 피해자에 대한 심리 상담 지원 4. 주민번호가 유출되어 범죄 피해를 입거나 입을 우려가 있는 경우, 주민등록번호 변경위원회에 주민등록번호 변경 신청	경찰청, 여성가족부, 행정안전부
법률 지원	1. 경찰과 디지털성범죄피해자지원센터에서 피해영상물에 대한 증거 확보, 채증 자료 작성 지원 등 법적 절차에 필요한 상담 및 지원 2. 대한법률구조공단 등 법률상담, 소송구조 등의 무료 법률서비스 지원	경찰청, 여성가족부
경제적 지원	1. 범죄로 인해 신체·정신적 피해를 입은 경우, 범죄피해자지원센터에서 치료비, 긴급 생계비, 학자금 등 지원 2. 성폭력 피해자가 가해자의 보복 우려 등으로 주거지를 옮기는 경우, 국가에서 이전비 지원	법무부
주거 지원	1. 긴급 주거지원이 필요한 경우 여성긴급전화에서 긴급피난처 제공 2. 주거공간이 필요한 경우 여성긴급전화, 성폭력 상담소 등을 통해 그룹 홈 형태의 임대주택 입주 지원	여성가족부

대응을 위한 협력 체계를 구축하고 있다.

③ 디지털 성범죄 피해 지원 역량 확산을 위해 디지털 성범죄 피해 지원 매뉴얼 · 보고서를 제작 및 배포하고 피해 지원 기관 종사자 대상 교육을 하고 있다.

④ 효율적인 피해자 지원을 위해 기술 기반 지원 체계를 구축하고 있으며, 구체적으로는 유관 기관 연계 효율화 및 피해 지원 서비스 표준화를 위한 삭제 지원 시스템을 개발 · 고도화하고, 디지털 성범죄 방지를 위한 과학기술정보통신부 등 관계부처와의 기술 개발 협력을 하고 있다.

디지털 성범죄 피해자 보호·지원 제도를 유형별로 구체적으로 살펴보면 표 9-1과 같다.

인터넷 사업자의 의무

성폭력방지법상의 피해자 보호 및 지원 이외에도 인터넷 사업자는 정보통신망을 통한 불법음란정보의 유통을 금지해야 할 의무가 있고, 이를 위반한 경우에는 1년 이하의 징역 또는 1천만 원 이하의 벌금에 처해진다[정보통신망 이용촉진 및 정보보호 등에 관한 법률(이하 정보통신망법) 제74조 제1항 제2호].

정보통신망법이나 전기통신사업법에는 불법음란정

보의 유통 방지를 위한 기술적 조치 의무가 규정되어 있다. 이를 위반해 기술적 조치를 하지 않은 경우에 인터넷 사업자는 5천만 원 이하의 과태료를 부과받는다(전기통신사업법 제104조 제1항 제1호).

구체적으로 ① 인터넷 사업자는 정보의 제목, 특징 등을 비교해 해당 정보가 불법음란정보임을 인식할 수 있는 조치를 해야 한다.

② ①에 의해 인식한 불법음란정보의 유통을 방지하기 위해 해당 정보를 이용자가 검색하거나 송수신하는 것을 제한하는 조치를 해야 한다.

③ ①의 조치에도 불구하고 불법음란정보를 인식하지 못해 해당 정보가 유통되는 것을 발견하는 경우에는 해당 정보를 이용자가 검색하거나 송수신하는 것을 제한하는 조치를 해야 한다.

④ 인터넷 사업자가 불법음란정보 전송자에게 불법음란정보의 유통 금지 등에 관한 경고 문구를 발송하는 조치를 해야 한다.

또한 인터넷 사업자는 이를 전담해 관리할 수 있도록 자신이 운영 · 관리하는 정보통신망을 통해 일반에게 공개되어 유통되는 정보 중 불법촬영물 등의 유통을 방지하기 위한 책임자로서 불법촬영물 등 유통 방지 책임자를 지정해야 한다(정보통신망법 제44조의9 제1항).

불법촬영물 등 유통 방지 책임자는 자신이 운영·관리하는 정보통신망을 통해 일반에게 공개되어 유통되는 정보 중 불법촬영물 등의 삭제·접속 차단 등 유통 방지에 필요한 조치를 수행하며(정보통신망법 제44조의9 제2항), 또한 불법촬영물 등 유통 방지 책임자를 1명 이상 지정해야 한다(정보통신망법 시행령 제35조의2 제2항).

피해자 지원 조치

디지털 성범죄 피해자에 대한 지원 조치 중 가장 핵심은 바로 삭제 지원 조치다. 성폭력방지법 제7조의3 제1항에 근거해 국가는 촬영물 또는 복제물 등(이하 촬영물 등)이 정보통신망에 유포되어 피해를 본 사람에게 촬영물 등의 삭제를 위한 지원을 할 수 있다.

또한 여성가족부장관은 촬영물 등의 유포로 피해를 본 사람에게 다음의 지원을 할 수 있다(성폭력방지법 시행규칙 제2조의6 제1항).

① 촬영물 등 삭제가 필요한 피해 등에 관한 상담

② 촬영물 등 유포로 인한 피해 정보의 수집 및 보관

③ 정보통신서비스 제공자 등에 대한 정보통신망에 유포된

촬영물 등 삭제 요청 및 확인 · 점검

④ 그 밖에 촬영물 등 삭제 지원과 관련해 여성가족부장관이 필요하다고 인정하는 사항

그 밖에도 국가는 다음에 해당하는 촬영물 등에 대해서는 삭제 지원 요청자의 요청 없이도 삭제를 위해 지원한다. 이 경우 여성가족부장관은 범죄의 증거 인멸 등을 방지하기 위해 해당 촬영물 등과 관련된 자료를 다음의 구분에 따른 기간 동안 보관해야 한다.

다만, 삭제 지원 요청자의 요청이 있는 경우에는 이를 즉시 폐기해야 한다(성폭력방지법 제7조의3 제3항).

① 수사기관의 삭제 지원 요청이 있는 촬영물 또는 복제물: 10년

② 수사기관의 삭제 지원 요청이 있는 편집물 · 합성물 · 가공물 또는 복제물: 10년

③ 아동 · 청소년 성착취물: 영구

④ 기타 촬영물 등과 관련된 자료는 5년 동안 보관(성폭력방지법 시행규칙 제2조의6 제4항 제3호)

마지막으로 피해자에 대한 삭제 지원에 드는 비용은

성폭력 행위자 또는 아동·청소년 대상 성범죄자가 부담한다(성폭력방지법 제7조의3 제4항). 가령 국가가 촬영물 등 삭제 지원에 드는 비용을 지출한 경우에는 성폭력 행위자 또는 아동·청소년 대상 성범죄자에 대해 구상권(求償權)을 행사할 수 있다(성폭력방지법 제7조의3 제4항).

참고문헌

이진영(2024.8.28.). "딥페이크 성범죄, 플랫폼 책임 강화 등 대책 시급". 법률신문. https://www.lawtimes.co.kr/news/200909

조영기(2019). "디지털 성범죄 게시물은 근절되고 있나?: 사전조치 의무의 현황과 한계". ≪KISO저널≫, 제50호. https://journal.kiso.or.kr/?p=12146

찾기 쉬운 생활법령정보. 불법촬영물 피해자 지원. 법제처. https://www.easylaw.go.kr/CSP/CnpClsMain.laf?popMenu=ov&csmSeq=1594&ccfNo=4&cciNo=2&cnpClsNo=1&search_put

10
딥페이크 성범죄 발생 시 대처와 피해 예방

최근 딥페이크 성범죄가 주로 10대들에 의해 발생하면서 피해자 연령도 저연령화 되고 있다. 문제는 성인 피해자도 피해 상담 및 지원 요청 방법을 잘 몰라 삭제 지원 등의 골든타임을 놓치는 경우가 많은데, 아동·청소년 피해자의 경우에는 성인 피해자보다도 더 취약하다는 점이다. 따라서 딥페이크 성범죄 발생 시 피해자 연령별 대처 방법이 마련되어야 하고, 피해 예방을 위한 교육을 충실히 진행해야 한다.

종교와 AI?

신고, 상담, 삭제요청

딥페이크 성범죄 피해 사실을 알게 된 경우 가장 중요한 것은 범죄 피해 사실을 입증할 수 있는 증거 수집이다. 우선 디지털 성범죄를 인지한 경로와 사건의 정황을 정리하고 증거를 최대한 수집한 후, 상대방에 대한 정보, 피해 촬영물 등 채증과 스크린샷, 게시물 링크 등의 증거를 수집 및 확보해야 한다. 피해 최소화를 위해서는 신속한 삭제가 중요하지만, 증거 확보가 충분히 이루어지지 않은 상태에서 삭제 지원 사설(영리)업체를 이용하게 되면, 이후 가해자 처벌 및 배상 등에 관한 사법 절차에서 증거 확보가 어려울 수도 있기 때문이다.

문제는 성인 피해자도 피해 상담 및 지원 요청 방법을 잘 몰라 삭제 지원 등의 골든타임을 놓치는 경우가 많은데, 아동·청소년 피해자의 경우에는 성인 피해자보다도 더 취약하다는 점이다. 따라서 딥페이크 성범죄 발생 시 피해자 연령별 대처 방법이 마련되어야 하고, 피해 예방을 위한 교육을 충실히 진행해야 한다.

결국, 디지털 성범죄 방지를 위해서는 최대한 피해자를 보호해야 한다는 관점에서 시작해야 한다. 딥페이크 성범죄 영상물과 같이 단 하나의 영상물이 여성과 아동·청소년의 인생에 큰 영향을 미칠 수 있음을 고려해 우선 해당 영상을 신속하게 삭제 · 차단해야 한다. 또한, 피해자의 심리 치료 및 학교생활의 안정 등 많은 부분에서 피해자가 우선 고려되어야 한다. 이는 지방자치단체나 국가 차원의 지원을 전제로 해야만 가능하다. 마지막으로 신속한 규제와 엄중한 처벌은 그 자체로 잠재적 피해자 보호에 의미가 있지만, 한편으로는 디지털 성범죄 예방 교육의 필요성을 방증하는 근거가 된다는 점에서 중요하다.

디지털 성범죄 등 성폭력 예방 교육

2017년 디지털 성범죄 피해방지 종합대책이 발표된 이래 이제까지 정부가 제시한 각종 디지털 성범죄 대책에서는 ① 디지털 성폭력 개념의 입법화, ② 소지, 시청, 접근의 단계적 처벌 강화, ③ 피해 차단 · 보호를 위한 사법 · 행정 제도 도입, ④ 형사 · 사법 절차 개선, ⑤ 상시적 감시 · 신고 체계 마련 등이 제안되었다.

그러나 이러한 대책은 현재의 가해자와 피해자를 중심에 둔 대책이라는 점에서 한계가 있다. 특히 디지털 성범죄의 특성상 암수 범죄가 많고 피해의 지속성도 문제이므로 예방 교육처럼 가해자를 사전에 방비해 잠재적 피해자를 보호하는 장기적 안목에서의 대책도 그 의미가 크다.

물론 신속한 규제와 엄중한 처벌은 디지털 성범죄 예방 및 디지털 성범죄 전반에 대한 경각심을 높이는 데 더없이 중요하다. 그러나 성인 디지털 성범죄 대책이 아닌 딥페이크 성범죄와 같이 '청소년'이 범죄자의 다수를 점하는 디지털 성범죄의 범죄 대책은 적어도 '성인 범죄 대책'과는 구분되어야 한다. 즉 소년법 이념에 근거해 소년의 개선 및 변화 가능성을 중시한 교육과 선도 중심의 범죄 예방 프로그램도 중시되어야 한다. 따라서 '청소년'을 대상으로 한 성인지 교육이나 디지털 성범죄 예방 교육 및 관련 프로그램 등도 매우 중요하다. 그런데 현재 학교에서는 학생 등을 대상으로 매년 1회 이상, 1시간 이상의 성교육 및 성폭력 예방 교육을 하고, 학교 내 피해자 보호와 피해 예방을 위한 자체 예방 지침을 마련하는 정도의 수준에 그치기 때문에 성폭력방지법 제5조 제1항에 따른 성폭력 예방 교육이 충분하다고 볼 수 없다.

딥페이크 성범죄를 '소년' 개인의 문제로 국한해서는 안 된다. 이는 엄연한 어른들의 '사회 책임'의 문제이기도 하다. 학습성과 가변성이 큰 아동 · 청소년 시기부터 올바른 성인지 교육과 디지털 성범죄의 심각성에 대한 예방 교육을 통해 범죄 예방의 효과를 극대화하고 잠재적 피해자를 딥페이크 성범죄로부터 보호할 필요가 있다.

참고문헌

배상균(2021). "청소년 디지털 성범죄의 실태와 예방 방안". ≪외법논집≫, 제45권 4호, 81~99.

진 메켄지·최리현(2024.9.3.). "한국 학교를 집어삼킨 '딥페이크 음란물' 사태를 들여다보다". BBC News 코리아. https://www.bbc.com/korean/articles/cdx6pxr7w6xo

찾기 쉬운 생활법령정보. 신고, 상담 및 삭제요청. 법제처. https://www.easylaw.go.kr/CSP/CnpClsMain.laf?popMenu=ov&csmSeq=1594&ccfNo=3&cciNo=1&cnpClsNo=1&search_put

Henry, N. & Powell, A.(2016). "Sexual Violence in the Digital Age: The Scope and Limits of Criminal Law". *Social & Legal Studies, 25*(4), 397~418.

배상균

한국형사법무·정책연구원 부연구위원이다. 주오대학교(Chuo University)에서 형사법학 박사 학위를 받았다. 한국외국어대학교, 충북대학교, 광운대학교에서 형법, 형사소송법을 강의했다(2015~2024). 주요 저서로 3인 공저 『형사소송법 제3판』(2017), 5인 공저 『자율주행자동차와 도로교통법』(2022) 등이 있다. "인공지능(AI) 기술을 이용한 디지털 성범죄에 대한 검토: 딥페이크(Deepfake) 포르노 규제를 중심으로"(2019), "'도촬행위' 현상과 규제에 관한 비교법적 검토: 성폭력처벌법 제14조를 중심으로"(2016) 등 30편 이상의 논문을 KCI 등재학술지에 게재했으며, "韓国におけるオンライングルーミング規制に関する検討"(2023) 등 10편 이상의 논문을 해외학술지에 게재했다.